A civilização do açúcar

CONSELHO EDITORIAL

Ana Paula Torres Megiani

Eunice Ostrensky

Haroldo Ceravolo Sereza

Joana Monteleone

Maria Luiza Ferreira de Oliveira

Ruy Braga

Vera Lucia Amaral Ferlini

A civilização do açúcar

Copyright © 2017 Vera Lucia Amaral Ferlini

Grafia atualizada segundo o Acordo Ortográfico da Língua Portuguesa de 1990, que entrou em vigor no Brasil em 2009.

Edição: Haroldo Ceravolo Sereza
Editora assistente: Danielly de Jesus Teles
Editora de livros digitais: Clarissa Bongiovanni
Projeto gráfico, diagramação e capa: Mari Ra Chacon Massler
Assistente acadêmica: Bruna Marques
Imagens da capa: *Engenho de açúcar, Nordeste brasileiro*, 1816. Pintura de Henry Koster

CIP-BRASIL. CATALOGAÇÃO-NA-FONTE
SINDICATO NACIONAL DOS EDITORES DE LIVROS, RJ

F394C
2. ed.

Ferlini, Vera Lucia Amaral, 1944-
    A civilização do açúcar / Vera Lucia Amaral Ferlini. - 2. ed. - São Paulo : Alameda, 2017.
        21 cm

Inclui bibliografia
ISBN: 978-85-7939-504-8

1. Brasil - História - Período colonial, 1500-1822. I. Título.

17-45973   CDD: 981
                                    CDU: 94(81)

Alameda Casa Editorial
Rua 13 de Maio, 353 – Bela Vista
CEP 01327-000 – São Paulo, SP
Tel. (11) 3012-2403
www.alamedaeditorial.com.br

Sumário

Apresentação
7

Introdução
9

Açúcar e colonização
13

A agroindústria do açúcar
35

Os trabalhadores do açúcar
53

Os negócios do açúcar
73

O cotidiano do açúcar
89

Indicações para leitura
109

Apresentação

Este livro foi escrito, em sua primeira versão, em 1984, quando preparava meu doutoramento – Terra Trabalho e Poder. O Mundo dos Engenhos no Nordeste Colonial (Brasiliense 1988, Edusc 2003). Destinado à divulgação, mas com cuidado e rigor acadêmico, tornou-se uma referência, com mais de 12 edições, até 1994.

Na minha trajetória como docente, na Universidade de São Paulo, o tema dos engenhos e da economia açucareira têm pautado minhas pesquisas e orientações.

Esses novos estudos levaram à constituição de um grupo de pesquisa, com especialistas do Brasil, de Portugal, de Cuba, dos Estados Unidos, de São Domingos, da Espanha, da Itália, da Argentina, focado nas semelhanças e diferenças das sociedades e economias açucareiras, em diferentes épocas e espaços. Esse grupo reúne-se, desde 2005, a cada dois anos, em Seminários Internacionais.

Agora editado pela Alameda, este trabalho possui, todavia, importância, pelo seu caráter geral e introdutório à questão. Sua publicação tem por objetivo fomentar a discussão e referenciar novas abordagens.

Algumas atualizações foram introduzidas, refinando informações, a partir de centenas de pesquisas que aprofundaram temas como técnicas, comércio, trabalho das economias açucareiras.

Boa leitura e debates!

Introdução

Perante a avalanche de problemas que marcam a realidade brasileira, são comuns as perguntas: onde tudo começou? Por que essa dependência, esse "atraso"? Ao analisarmos a situação sócioeconômica do Brasil, realmente encontramos entraves poderosos ao crescimento: o latifúndio que expulsa o homem do campo, a agricultura de exportação que sufoca o mercado, o monopólio da terra que plasma o poder político, séculos de escravismo impondo o preconceito ao trabalho. Como se forças do passado sempre se levantassem, atrelando-nos, impedindo a renovação, barrando o progresso e a liberdade.

Impossível entender o Brasil sem mergulharmos em nossa História, buscando no período colonial a gênese dessas estruturas, as motivações que nortearam nossa formação, o sentido mesmo da ocupação de nosso território.

Primeiro momento da dominação portuguesa na Colônia, o Nordeste açucareiro deu à luz o Brasil. Era uma nova sociedade, sonhada pela ambição europeia, moldada em massapé e açúcar, em sangue e suor de escravos. As articulações sociais, a composição étnica, os padrões culturais, as relações de trabalho e de poder forjaram-se em torno dos engenhos e das lavouras de cana. E se bem que ao longo de três séculos a colônia tenha sofrido modificações, as linhas gerais, marcadas pela produção açucareira, permaneceram como matriz de nossa sociedade.

A estrutura agrária brasileira nasceu do açúcar. Para sua produção terras foram doadas, homens deixaram a Europa sonhando com a riqueza, organizou-se o comércio, o tráfico negreiro ganhou fôlego. Produto mais importante da economia colonial, o açúcar oscilou, desde o século XVI, ao sabor do mercado e da política econômica, mas se manteve, mantendo uma sociedade violenta onde, sob a capa do paternalismo, senhores esmagaram escravos e, ainda hoje, usineiros esmagam camponeses.

No início da colonização, os cronistas assinalavam que os portugueses, no Brasil, não pensavam senão em voltar para Portugal. Com o passar do tempo, porém, o modo de vida criado na colônia os retinha e a Europa tornava-se o referencial distante do universo singular dos trópicos.

O colono deixava-se ficar, sempre na esperança de enriquecer e retornar. Mas se enraizava, afidalgando-se em escala jamais sonhada. A riqueza, o fausto, o poder que obtinha na Colônia, no mundo do açúcar, era muito maiores do que a recompensa puramente econômica e imediata. Na Colônia, não era primordial o lucro, o investimento, mas a posse de terras e de escravos, signos e conteúdos da aristocracia rural.

O escravismo do mundo dos senhores do açúcar foi elemento da história da gênese do capitalismo, mas esse não foi seu referencial ideológico. A sociedade nascida no Nordeste açucareiro transcendeu sua finalidade puramente mercantil e constituiu-se, com seus próprios valores, na "civilização do açúcar".

Por que e para que se formou esse universo de engenhos e de lavouras de cana? Como foi organizada a produção? Quem foram os homens que lhe deram vida? Quais suas tensões? O que foi, enfim, a aventura cotidiana da sociedade açucareira? São algumas das perguntas que procuramos responder, oferecendo ao leitor, em linguagem simples, um painel do mundo do açúcar, nos primeiros séculos da colonização.

Açúcar e colonização

> ... *porque o açúcar é a principal cousa com que todo este Brasil se enobrece e faz rico, e na lavra dele se tem guardado até presente...*
>
> Diálogo das Grandezas do Brasil

A implantação da lavoura canavieira no Brasil, nos primórdios do século XVI, inscreveu-se na dinâmica geral dos descobrimentos, da ocupação e da exploração das terras americanas: o desenvolvimento mercantil europeu, iniciado no século XI.

A dinâmica dos descobrimentos

O revivescimento comercial, na Baixa Idade Média, não fora linear e ininterrupto. O comércio irrompera das contradições do feudalismo e concorrera ou para a aceleração da ruptura dos laços servis (principalmente nas regiões próximas às grandes rotas comerciais), ou para o enrijecimento dos vínculos de dependência feudais (nas áreas onde os contatos com os mercadores restringiam-se à camada senhorial). De uma forma ou de outra, a economia autárquica do feudalismo dissolvera-se ante a nova economia mercantil.

O agravamento das condições servis, o êxodo rural, o alargamento de mercados, o fortalecimento da burguesia, o crescimento das cidades levaram a frequentes crises sociais: revoltas camponesas, insurreições urbanas. A produção desorganizou-se e fomes, pestes e guerras sucederam-se ao longo do século XIV.

Lentamente, no século XV, a expansão do comércio europeu recobrou certo ritmo. Surgiram, porém, novos entraves. Escassearam as moedas. Monopolizaram-se certos setores especialmente o de produtos orientais, o mais rentável comércio do final da Idade Média. E a intensa disputa que se travava pela mercantilização das especiarias do Oriente restringiu essa atividade ao domínio dos centros italianos, principalmente, Gênova e Veneza.

O comércio europeu debatia-se nos quadros de uma mercantilização restringida pela própria estrutura feudal. Era tarefa urgente a conquista de apoios externos, de abertura de novas rotas para a obtenção de especiarias, de aumento do fluxo monetário, de ampliação da oferta de produtos e de alargamento dos mercados consumidores.

A retomada do ritmo de expansão comercial exigia, assim, profundas mudanças econômicas, políticas e sociais. A empresa de expansão marítimo-comercial requeria vultosos investimentos, de que as embrionárias organizações mercantis de então não podiam dispor. Os problemas internos do feudalismo que geraram, no final da Idade Média, o avanço do comércio e da burguesia, haviam também levado ao processo de centralização política e à formação de Monarquias Nacionais. O Estado Nacional Absolutista, que marcaria a Idade Moderna, estruturava-se.

A centralização monárquica permitia o carreamento de amplos recursos financeiros, através da criação de organismos fiscais. Por outro lado, o Estado Nacional tinha, na conquista de novos territórios e na aceleração do comércio, elementos de fortalecimento de seu poder.

Na fase de transição entre o feudalismo e o capitalismo, o Estado Nacional Absolutista impôs-se, subordinando tudo e todos ao rei e orientando o comércio no sentido do progresso da burguesia. As medidas oriundas desse poder centralizado atuaram eliminando pontos de entraves ao desenvolvimento da economia de mercado. Aboliram-se as duanas internas. Estabeleceram-se tarifas protecionistas.

Promoveu-se a conquista de territórios ultramarinos. Dentro dessa perspectiva, a política econômica dos Estados Modernos orientou-se para a criação de estímulos ao desenvolvimento mercantil através da busca de metais amoedáveis (metalismo); do incentivo à exportação e à restrição às importações para a obtenção de balança comercial favorável; das práticas monopolistas, que reservavam aos comerciantes nacionais os setores mais lucrativos das atividades mercantis (protecionismo), propulsor da ascensão da burguesia, elemento de unificação do poder do Estado.

A plena realização do mercantilismo estava no estabelecimento de colônias ultramarinas que oferecessem, a baixíssimos custos, produtos altamente rentáveis no comércio europeu, propiciando uma balança comercial favorável ao estado metropolitano. As colônias deveriam ser, ainda, mercados potenciais para a absorção dos excedentes da produção europeia e se subordinarem ao rigoroso esquema de monopólio: ao exclusivo colonial.

O processo de expansão europeia da Época Moderna, que teve em Portugal seu precursor, orientou-se, primeiramente, para o estabelecimento de entrepostos privilegiados do comércio de certos gêneros como as especiarias do Oriente. Era o regime de feitorias.

UM PROBLEMA PARA PORTUGAL: OCUPAR O BRASIL

O descobrimento do Brasil em 1500 de início não representou, para Portugal, mudança em sua política de implantação de feitorias comerciais no Oriente. A nova terra marcava o domínio português na América, era rica em pau-brasil (cuja exploração El Rei preferiu arrendar), mas não dispunha, à primeira vista, de metais preciosos. Nada estimulava, ainda, a efetiva ocupação da Terra de Santa Cruz.

Durante os primeiros trinta anos após a chegada de Cabral, os vastos territórios americanos que cabiam à Coroa Portuguesa foram relegados ao segundo plano. Portugal dedicava-se a conquistar e explorar o Oriente. Dominava a euforia pelas possessões das Índias. Se o Brasil, entretanto, não interessava a Portugal, outras nações europeias procuravam firmar domínio em nosso território. Franceses, principalmente, eram assíduos frequentadores do litoral brasileiro, onde desenvolviam intenso escambo. Travavam amizade com os índios, aos quais ofereciam bugigangas (espelhos, colares, machados, facas, por exemplo) em troca de pau-brasil.

A ocupação da América assumia, gradativamente, outras dimensões. A Espanha descobrira, em seus territórios, prata em abundância. A perspectiva dos metais preciosos aguçava a cobiça europeia. As nações marginalizadas pelo Tratado de Tordesilhas consideravam que os portugueses teriam direito às terras americanas apenas se ocupassem efetivamente o território. Manter o domínio sobre o Brasil tornou-se, então, preocupação política para Portugal, pressionado pela disputa, que se acelerava, pela posse de colônias na América. Era uma empreitada difícil e, economicamente, pouco atrativa.

Os espanhóis haviam solucionado com facilidade o problema de ocupação de seus territórios americanos. Os metais preciosos, em abundância, praticamente autofinanciaram a colonização. A ocupação da América Portuguesa, entretanto, deveria ser feita com recursos externos, mas sem prejudicar o Império Colonial das Índias, que começava a vacilar. Os gastos com a manutenção das possessões orientais cedo se mostraram tão grandes que pouco sobrava do lucro do comércio das especiarias. Realmente, a prosperidade das feitorias do Oriente era tão ilusória que os cronistas da época a ela se referiam como o "fumo das Índias", fumaça de riqueza rapidamente dissipada.

Era preciso explorar novas fontes de riqueza e, ao mesmo tempo, manter as terras da América. Mas onde buscar os recursos? Como mobilizar o interesse da burguesia portuguesa, motivando-a a investir na Colônia e a prover sua defesa?

O AÇÚCAR COMO SOLUÇÃO

Coube a Portugal encontrar outra fórmula para a ocupação econômica de suas colônias americanas que não fosse a simples extração de recursos naturais. Fazia-se imperiosa a organização de exploração agrícola rentável que, ao mesmo tempo, interessasse os investidores metropolitanos e propiciasse recursos para a manutenção e defesa desses domínios. A distância entre o Brasil e Portugal só tornava viável a produção de mercadorias que, gozando de altos preços no mercado europeu, pudessem arcar com os custos do frete marítimo. A Coroa Portuguesa possuía um trunfo: dominava desde o século XV a produção do açúcar, com suas plantações nas Ilhas do Atlântico.

O açúcar, praticamente uma especiaria, alcançava então altos preços e dispunha de mercado em expansão. De produto medicinal na Idade Média, o açúcar passava lentamente a gênero de primeira necessidade. Durante largo período a Europa fora abastecida pela produção das plantações do Mediterrâneo. Essa "indústria" começou cerca de 700 d.C, quando os árabes introduziram o plantio de cana na Sicília e na Espanha moura. A produção açucareira ali florescera, até sucumbir durante o século XVI em virtude da competição com as novas plantações americanas.

O infante D. Henrique importou da Sicília as primeiras mudas de cana, mandando-as plantar na Ilha da Madeira. Dali, rapidamente, a cultura difundiu-se para os arquipélagos de Açores, Cabo Verde e São Tomé.

O açúcar das ilhas do Atlântico inicialmente foi distribuído por genoveses e venezianos. Mas a possibilidade de absorção do produto através desses canais comerciais não crescia na medida exigida pelo aumento da produção. A baixa de preços, ocorrida no último quartel do século XV, indicava claramente que a oferta portuguesa do produto; esbarrava na inelasticidade do mercado italiano.

Por volta de 1472, parte considerável da produção portuguesa passou a ser comercializada por flamengos. No final do século, Flandres distribuía cerca de 1/3 da produção da Ilha da Madeira. Os novos contatos comerciais alargaram o mercado do açúcar, estimulando a alta de preços, no século XVI.

A lavoura canavieira, como opção para a ocupação do Brasil, inaugurava nova forma de colonização. A ocupação dos territórios conquistados limitara-se, até então, à comercialização de produtos encontrados nas terras descobertas. Portugal transformava a empresa colonial em sistema produtivo, onde técnicas e recursos metropolitanos criavam fluxo constante de produtos destinados ao comércio europeu.

A escolha do açúcar era amplamente justificável no momento em que se buscava a solução para a efetiva ocupação do Brasil. Portugal já possuía experiência em sua produção; dispunha de contatos comerciais que permitiam a colocação do produto no mercado europeu; seu relacionamento com o mundo financeiro de então, principalmente com banqueiros genoveses e flamengos, abria-lhe linhas de crédito para os investimentos básicos; o Brasil possuía terras em abundância e o açúcar poderia, aqui, ser produzido em larga escala.

A existência dessa ampla oferta de terra, porém, poderia ser um estímulo à fixação de pequenos produtores e à agricultura de subsistência. Ora, era intenção da Coroa Portuguesa incentivar a produção especializada para o mercado europeu e não o estabelecimento de população. Não se tratava simplesmente de ocupar terras, mas de explorá-las da maneira mais rentável possível. Era preciso, pois, restringir o acesso à terra, impedindo o estabelecimento da pequena produção diversificada, que fugia ao sentido da colonização mercantilista.

A produção em grande escala e a especialização foram decorrências do sentido dado à colonização em áreas tropicais. A ocupação do Brasil, dentro do quadro de determinações da Época Moderna, deveria orientar-se para a produção do açúcar, gênero de grande valor comercial e cujo consumo, na Europa, crescia. Portugal, de sua parte, desde o século XV estava articulado ao mercado de distribuição do produto dominado pelos comerciantes flamengos. A formação de grandes unidades produtivas, dotadas de larga extensão de· terras, bem como a monocultura, atenderam a uma política de economia de recursos e de maximização de lucros.

Nos trópicos, as atividades de desmatamento e de instalação da produção eram bastante onerosas e não permitiam a multiplicação das unidades de processamento, girando as lavouras em torno de um engenho, responsável pela elaboração final do produto. A grande extensão de terras doadas para o plantio de cana garantia ao engenho a possibilidade de aumentar sua produção e de auferir maiores lucros. O latifúndio permitia a substituição constante das terras utilizadas por outras ainda virgens, dispensando investimentos em práticas de fertilização ou em melhorias técnicas.

A monocultura, de um, lado, atendia às exigências de produção em larga escala para um mercado europeu ávido por açúcar e, de outro, atava a Colônia às linhas de comércio metropolitano. Concentrando seus esforços na produção açucareira, a Colônia em tudo dependia do abastecimento metropolitano, constituindo-se em mercado consumidor de produtos europeus.

O sistema legal para a ocupação das terras foi formulado no Regimento de Tomé de Souza, governador-geral do Brasil, em 1548. Determinava que fossem concedidas terras às pessoas que pedissem, devendo ser cultivadas em três anos para que se efetivasse a plena apropriação. A concessão far-se-ia levando em conta a capacidade de o requerente dedicar-se ao plantio de cana ou ao estabelecimento de engenhos.

ESCRAVOS PARA O AÇÚCAR

Escolhida a produção o açúcar fixavam-se as condições para a apropriação das terras: a posse de "cabedais", isto é, de recursos para o erguimento de engenhos, para o trato das lavouras e, principalmente, para a obtenção de mão-de-obra. E mão-de-obra, na lavoura do açúcar, significou, desde o início, trabalho escravo. A exploração do indígena, tentada nos primeiros tempos, foi desestimulada e praticamente abandonada. Alegava-se ser ·o silvícola rebelde, e seu trabalho, pouco eficiente. Na verdade, o índio não era mais rebelde ou indolente do que qualquer outro ser humano submetido à escravidão. Pois não é a natureza do escravo que explica o pouco rendimento do trabalho ou a rebeldia. A escravidão, em si, implica em produtividade reduzida e insubordinação.

Os colonos portugueses, insatisfeitos, clamaram por negros africanos como solução para o provimento de mão-de-obra. Alegavam serem os negros mais aptos ao trabalho agrícola e mais submissos. Esses mitos, porém, a história desmente. Os negros fugiram onde e quando puderam: os quilombos foram uma constante enquanto perdurou o escravismo. A subordinação do escravo negro era obtida apenas pela coação, pela manutenção de rigoroso e violento esquema de punições e castigos físicos.

Por que, então, a escolha da escravidão negra? Em primeiro lugar, o tráfico negreiro era fonte de vultosos lucros para Portugal. A compra de escravos, por sua vez, representava o adiantamento à Metrópole de parte considerável da renda a ser gerada na Colônia e que, em outras condições (por exemplo, trabalho livre), ficaria retida na Colônia. Finalmente, o alto custo dos negros dificultava a aquisição de escravaria suficiente para o trato do açúcar, restringindo a obtenção de lotes de terras, a poucos indivíduos.

As primeiras tentativas

A produção açucareira na América já havia sido tentada anteriormente pelos espanhóis, mas a experiência não tivera continuidade. A instituição da lavoura canavieira no Brasil pelos portugueses, porém, marcou-se justamente pelo caráter sistemático e planejado. Se a responsabilidade e o ônus do empreendimento foram delegados a particulares, coube à Coroa Portuguesa organizar a ocupação agrícola da Colônia, enquadrando-a rigidamente de acordo com os interesses mercantilistas.

A primeira notícia que se tem da intenção de Portugal implantar no Brasil a produção açucareira está num alvará datado de 1516. Nele, D. Manuel ordenava que fossem dados machados, enxadas e mais ferramentas às pessoas que fossem povoar o Brasil e que se procurasse um homem prático e capaz de ali dar princípio a um engenho de açúcar e a ele se entregasse tudo que fosse necessário a tal fim.

Embora, em 1517, já constasse na alfândega de Lisboa, remessa de açúcares do Brasil, a iniciativa de construção de um engenho por Martim Afonso de Souza, em 1534, está entre as pioneiras ações sistemáticas para a produção açucareira. A mobilização dos recursos para a empresa levara à constituição de uma sociedade mercantil, da qual faziam parte, além do próprio Martim Afonso, seu irmão Pero Lopes de Souza, Francisco Lobo, Vicente Gonçalves e o flamengo Johann Van Hielst, conhecido como João Vaniste. Este, em Lisboa, desempenhava as funções de representante comercial dos Schetz, armadores, banqueiros e comerciantes estabelecidos em Bruxelas e Amsterdã, que tinham grandes interesses em Portugal.

O engenho, estabelecido na capitania de São Vicente, e do qual ainda hoje existem ruínas, teve várias denominações: do Governador, do Trato, dos Armadores e, finalmente, São Jorge dos Erasmos.[1] É que os negócios do açúcar não estimularam o interesse dos sócios portugueses. Martim Afonso foi para as Índias e, como os outros não estavam dispostos a arrecadar mais recursos para o estabelecimento da empresa, Van Hielst introduziu a capacidade e o capital mercantil dos Schetz, que em 1550 adquiriram as partes dos portugueses. Algum tempo depois, o próprio Van Hielst venderia sua participação aos filhos de Erasmo Schetz.

Essa iniciativa, na capitania de São Vicente, teria seguidores e até o final do século XVI havia mais de uma dúzia de estabelecimentos produtores de açúcar na Baixada Santista, o que dava certa prosperidade à região, que no Natal de 1591 foi atacada pelo corsário inglês Cavendish. Mais ou menos nessa época, os Schetz quiseram vender o engenho por 12 mil ou 14 mil ducados, mas não conseguiram compradores. Em janeiro de 1615, quando o almirante holandês Joris van Spilberg atacou o litoral paulista, o engenheiro foi ocupado, saqueado e incendiado e seus proprietários terminaram por abandoná-lo.

---

1 As ruínas do Engenho de São Jorge dos Erasmos são atualmente mantidas pela Universidade Federal de São Paulo, com visitação aberta ao público.

O açúcar domina a colônia

O centro da produção açucareira não ficaria no Sul. Seria o Nordeste, com seu solo de aluvião fértil, o massapê, que desenvolveria a lavoura de cana e o fabrico do açúcar, transformando a Colônia em elemento fundamental do Império Português. Não apenas o solo favorecia o plantio da cana e os negócios do açúcar no Nordeste. Servida por vasta rede hidrográfica litorânea, com clima quente e úmido, as comunicações com a Metrópole eram facilitadas pela menor distância em relação à Europa e pelo regime favorável de ventos, fundamental à navegação.

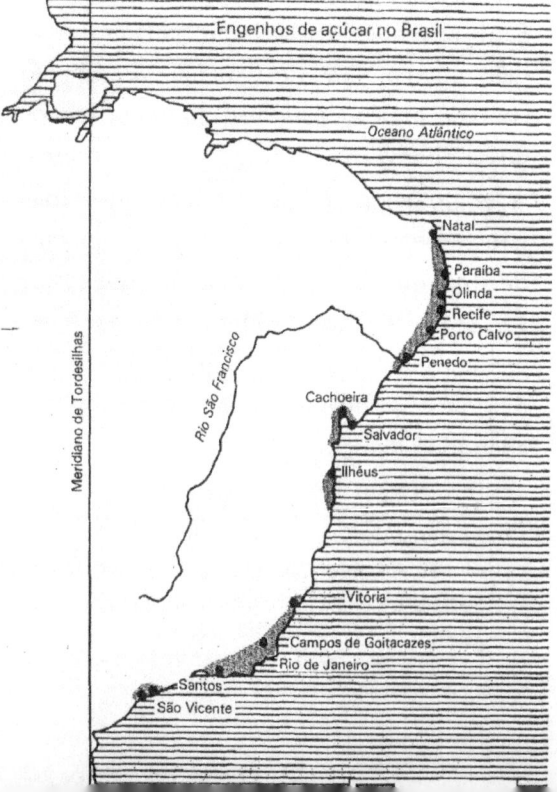

Os primeiros engenhos de Pernambuco começaram a funcionar a partir de 1535, com Duarte Coelho. Em 1550, já eram 4 os estabelecimentos, 30 em 1570 e 140 na época da conquista holandesa. A produção canavieira avançava para a Paraíba e para o Rio Grande do Norte, que em meados do século XVII possuíam cerca de 22 engenhos.

No século XVI, a produção também prosperava na Bahia. O Recôncavo, que em 1570 contava com 18 engenhos, em 1584 já atingia 40 unidades de produção. Ao final do primeiro século de colonização, o Brasil produzia, anualmente, 350 mil arrobas de açúcar. A produção brasileira conheceria anos de glória até 1650, quando começaria a manifestar-se a concorrência das Antilhas e da América Central.

Em torno do açúcar

A razão de ser da Colônia, nos dois primeiros séculos, era a exportação do açúcar, mas em torno dela desenvolveram-se outras atividades, fornecendo os produtos de subsistência, provendo o comércio local e o escambo de escravos. A produção, no

Nordeste, estava ordenada pela possibilidade de exportação.

Em primeiro lugar, é claro, figurava o açúcar. O tabaco, essencial para o tráfico negreiro, foi cultivado desde o final do século XVI. A área central do cultivo, na Bahia, era a de Cachoeira, no Recôncavo, e mais ao norte, Montegordo, Torre, Rio Real e São Cristóvão de Sergipe del-Rei. Cerca de 90% da produção provinha dessas regiões.

Como o açúcar, o tabaco era uma agricultura baseada no trabalho escravo e consolidada em latifúndios. Dentro da hierarquia social, porém, o plantador de tabaco não dispunha de prestígio e poder como os senhores de engenho.

A pecuária foi outra importante atividade ligada ao mundo açucareiro. O gado bovino era indispensável ao trato das lavouras e dos engenhos, principalmente para o transporte de cana e de lenha. A criação de gado fornecia, além do transporte, força motriz para as moendas mais simples e alimento para a população.

Introduzido no século XVI, o gado bovino foi criado, inicialmente, no litoral. Mas a expansão dos canaviais afastou a pecuária das regiões litorâneas, empurrando o gado para o interior e iniciando a ocupação do sertão.

A partir da criação de gado, organizou-se uma forma diferente de povoamento e de sociedade, com menos escravos, de costumes rudes e simples. As áreas canavieiras da Bahia e de Pernambuco foram os focos de irradiação da pecuária. Na Bahia, à época de Tomé de Souza, Garcia d' Ávila estabelecera as primeiras fazendas de gado, que já no século XVII atingiam a região do Rio São Francisco, caracteristicamente denominado "rio dos currais".

A partir daí, a criação de gado estendia-se em duas direções: para o sul, acompanhando o curso do rio e atingindo a região de Minas; e para o norte, alcançando os chapadões do Piauí, onde, às margens do Parnaíba, multiplicaram-se as fazendas de gado. Graças à pecuária, o Piauí apresenta, hoje, uma configuração peculiar. Foi o único estado nordestino colonizado a partir do interior, e a expansão da pecuária, desde o São Francisco, deu-lhe a forma de um bolsão, largo no interior, estreitando-se à medida que se aproxima do litoral.

Ao lado de uma sociedade feita de açúcar e escravos, desenvolveu-se, no sertão, uma "civilização do couro", feita de gado e homens livres, em confronto com a natureza, tocando seu gado através de pastagens naturais. A atividade criatória era simples e não exigia grandes contingentes humanos.

Pouco mais de doze homens, geralmente mestiços, cuidavam do gado: um vaqueiro e seus auxiliares (os "fábricas").

O regime de liberdade, típico dessa atividade, extensiva, que ocupava largos espaços, não se harmonizava com a escravidão (embora, raramente, os escravos tenham sido utilizados). Assim, predominaram os trabalhadores livres, em regime de parceria, como o vaqueiro, ou assalariados, os "fábricas".

Os vaqueiros trabalhavam em parceria com o proprietário do rebanho, ganhando uma cria de cada quatro. De cinco em cinco anos, dava-se o acerto de contas, podendo então o vaqueiro formar um pequeno rebanho. Os "fábricas" eram assalariados, pagos em dinheiro ou crédito, e não dispunham de condições para se tornar criadores.

A ocupação do sertão hostil gerou um tipo peculiar de cultura. A chamada "civilização do couro", se classificava por alimentação frugal, baseada na carne seca com farinha de mandioca, e rudeza, utilizando o couro como matéria-prima para todos os artefatos. A produção de alimentos para a subsistência dependia de lavradores de roça, que plantavam para seu consumo e abasteciam os mercados locais com os excedentes. A cana, porém, ocupava as melhores terras e atraía a todos e a Colônia sofria frequentemente com a falta de alimentos e os preços altos.

Para o provisionamento dos escravos era essencial a mandioca. De acordo com a legislação, os plantadores de cana deveriam reservar terras e tempo para que os próprios escravos plantassem mandioca. Todavia, nem sempre isso acontecia e a demanda de mandioca para os escravos diminuía a quantidade desse alimento para a população urbana.

No Nordeste, a formação de vilas e cidades, a defesa do território, a repartição de terras, o trato com os indígenas, as relações entre as várias categorias sociais, enfim, todas instâncias da vida colonial delinearam-se desde o século XVI, a partir do complexo produto; do açúcar. Durante os dois primeiros séculos da colonização, aí se plantou cana e enraizou-se a dominação portuguesa. As moendas esmagaram a cana, retiraram-lhe o sumo e transformaram-no em doce açúcar. Mas, o engenho representou também o esmagamento, o total aproveitamento da força de trabalho do negro escravo, trabalho convertido em capital originário, alavanca do moderno capitalismo.

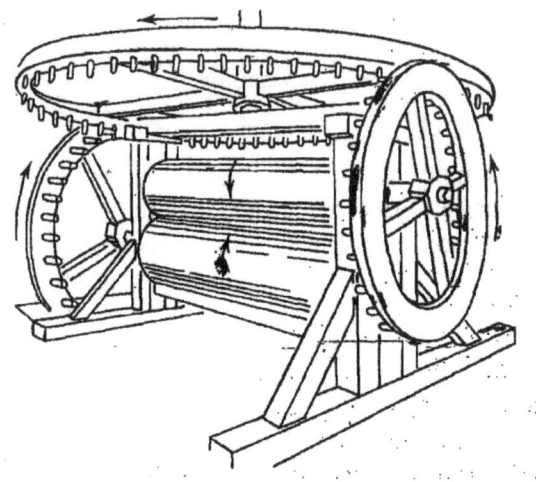

Legenda: Moendas de Rolos: *Até o início do século XVII, o engenho de "eixos" horizontais era o tipo predominante na produção açucareira do Nordeste. Além de os rolos serem de madeira, não permitia a alimentação pelos dozes lados, o que implicava a movimentação do operador para repassar o bagaço e assim obter mais caldo. (Fonte: Hamilton Fernandes)*

A AGROINDÚSTRIA DO AÇÚCAR

> *É reparo singular dos que contemplaram as cousas naturais ver que as que são de maior proveito ao gênero humano não se reduzem à sua perfeição, sem passarem primeiro por notáveis apertos.*
>
> Antonil

A partir dos engenhos, nos dois primeiros séculos de nossa história, o vasto complexo sócioeconômico colonial movimentou-se. As praças escravistas da África adquiriram vitalidade, os centros mercantis europeus viram crescer seus negócios, recebendo açúcar, vendendo manufaturas. E, mesmo no Brasil, em que pese a força da política monopolística de Portugal, produções e atividades subsidiárias foram impulsionadas. Tabaco, pecuária, lavoura de subsistência, olarias produtoras de telhas, tijolos e formas, o abastecimento de lenha para as fornalhas e de madeira para as construções interligavam-se no processo produtivo em que o centro e unidade era o engenho.

O coração da produção colonial

A denominação engenho, de início restrita às instalações onde se dava a manipulação da cana, estendeu-se, com o passar do tempo, a toda propriedade açucareira, com suas terras e lavouras. Em si, constituía um conjunto de edificações, em geral interligadas, formando um impressionante conjunto arquitetônico. De acordo com Wanderley Pinho, os principais edifícios do engenho eram: "uma grande casa de paredes de alvenaria, assentada a cobertura de telhas sobre 22 pilares dobrados, com varanda em roda, a cobrir picadeiros de pedra e cal, ou seja, os depósitos das canas que os carros vêm trazendo para a moagem, de onde são retiradas para ser lançadas à moenda. Desdobra-se a construção em casas de caldeiras, com suas fornalhas; casa de purgar, onde se recolhe o açúcar nas formas; caixaria onde se pesa e se encaixa o açúcar, com quatro balcões ou grandes tabuleiros: que sobre rodas e trilhos, saem com o açúcar ao sol para secar; o sobradinho ou palanque, de onde o mestre de açúcar assiste e superintende o cozinhamento, (...) e o senhor, às vezes, com a família, vem gozar do espetáculo de sua fábrica a laborar; o curral (...) os cais de pedra e cal em toda a extensão de uma das varandas."

A casa-grande, residência do proprietário, acumulava as funções de fortaleza, hospedaria e escritório. Quer fosse térrea ou assobradada, seu estilo era imponente. A senzala, construção vital desse conjunto, abrigava, amontoados e em péssimas condições de salubridade e higiene, dezenas de escravos, em suas poucas horas de repouso.

A capela era elemento indispensável nesse mundo de senhores e escravos. Parte integrante da casa-grande ou edificação separada atraía, em dias santos e domingos, os moradores da vizinhança.

Esse verdadeiro coração da produção colonial centralizava a exploração açucareira, articulada em três setores conjugados: a produção de cana, o fabrico do açúcar e sua exportação.

Lavradores de cana

O setor produtor de matéria-prima, os canaviais, podia ser constituído por terras do engenho ou de terceiros. As terras do engenho, por sua vez, eram cultivadas às expensas de seus proprietários ou arrendadas a lavradores, dotados de recursos para organizarem o plantio. Tanto no caso de terras arrendadas como na relação com os lavradores proprietários, poderia ocorrer a vinculação da produção à moagem, em um engenho, o que constituía "cana-obrigada". Os arrendatários pagavam, ainda, uma porcentagem da parte que lhes cabia, após a moagem, pelo arrendamento da terra: era o "terço", caso se tratasse de terra fértil ou próxima ao engenho, ou o "quarto", quando tais condições não ocorriam.

A contribuição dos lavradores de cana variou durante o período colonial. Até 1650, sua participação foi fundamental para a produção, e os engenhos do Nordeste moíam quase que exclusivamente cana de terceiros.

A necessidade de fornecimento de cana por parte dos lavradores esteve ligada à escassez de recursos para o investimento, nas épocas de maior lucratividade do açúcar. Fernão Cardim, no século XVI, notava que havia engenhos carentes de cana para atingir sua total capacidade de moagem. Houve, portanto, íntima relação entre a existência dos lavradores de cana e a necessidade de máxima produtividade dos engenhos em períodos de expansão. Já no início da colonização, o Regimento de Tomé de Souza impunha aos senhores de engenho a obrigação de moerem as canas de lavradores, bem como estipulava a doação de terras em sesmarias para aqueles que quisessem se dedicar à lavoura de cana, com a obrigação de moagem em determinado engenho.

No Nordeste, com o decréscimo da produção, a partir da segunda metade do século XVII, a participação dos lavradores de cana declinou. A queda do preço do açúcar, a retração das exportações e o aumento do preço dos escravos reduziam a margem de lucro dentro da qual eram possíveis as relações contratuais entre senhores de engenho e lavradores.

Os lavradores de cana não eram camponeses. Senhores de fazenda, sua importância econômica tinha por base o trabalho escravo. A empresa de lavoura exigia recursos extensos. O lavrador que plantasse quarenta tarefas de cana (uma tarefa correspondia à quantidade moída por um engenho em 24 horas, cerca de 40 carros de cana, ou uma área cultivada de 30 braças em quadro, o que corresponde a 4.356 m²) deveria dispor de mais ou menos 20 escravos, aparelhados de enxadas, machados e foices, e de 4 a 8 carros de boi, com 12 a 14 animais. No caso de lavradores proprietários, colocava-se ainda o problema da terra, obtida por doação ou compra. Embora a Colônia dispusesse de muita terra, já no início do século XVII, as áreas férteis do litoral nordestino haviam sido doadas e o acesso à produção de cana só era possível por compra ou por arrendamento. A documentação colonial é rica em escrituras que atestam o intenso movimento de mercantilização das férteis terras do Recôncavo e de Pernambuco, oferecendo interessante quadro das variações de preço, de acordo com a conjuntura, o tipo de terra, distância de engenhos e de rios, condições de cana livre ou cana obrigada.

A existência dos lavradores de cana constituiu particularidade da produção brasileira. Nas colônias inglesas e francesas e nos engenhos de Morellos, no México, processava-se exclusivamente cana dos proprietários. Os cultivadores autônomos, que já ha viam sido importantes na produção da Madeira, e cuja persistência na economia açucareira é fato excepcional no conjunto da produção americana, contribuíram, sem dúvida, para tornar mais complexas as relações sociais na Colônia.

O TRATO CANAVIAIS

O plantio da cana, no Brasil, começava na época das primeiras chuvas, no final, de fevereiro, estendendo-se até maio. Nas regiões mais úmidas, plantava-se cana também nos meses de julho, agosto e setembro. Os melhores terrenos para o plantio eram os altos, pois nas várzeas a concentração de umidade estimulava o crescimento de capim, exigindo contínuas operações de limpeza; as ervas daninhas eram o grande inimigo do canavial, e no inverno, principalmente, a limpeza deveria ser cuidadosa.

O preparo do solo limitava-se à prática indígena da queimada e da coivara, ou seja, após a derrubada ateava-se fogo à vegetação verde ou seca. Depois juntavam-se os restos da ramagem, lançando-lhes novamente fogo. O arado não era utilizado e o revolvimento da terra resumia-se no emprego, pelos escravos, da enxada.

A cana tipo "crioloa", originária da Índia e introduzida na Sicília durante a Idade Média, foi o único tipo cultivado no Brasil, até o início do século XIX. Era uma planta fina, de gomos relativamente curtos e, comparada a outros tipo, de produtividade pequena.

Cerca de 12 a 18 meses depois, iniciava-se a colheita. Esta era programada de acordo com as datas de moagem nos engenhos, pois a cana, depois de cortada, deve ser processada em 24 horas, caso contrário, seu teor de sacarose fica diminuído.

A cultura era feita nos mesmos terrenos durante muitos anos. Antonil falava em permanência das lavouras nos mesmos terremos durante seis ou sete anos, mas são frequentes as alusões a outros cronistas a plantações de cinquenta ou sessenta anos.

Das lavouras para o engenho, seguia a cana em barcos ou carros de bois. O uso de barcos era mais vantajoso para os plantadores, e as terras próximas a rios, que permitiam o transporte fluvial para os engenhos, mais valorizadas. A vizinhança dos rios era elemento fundamental para a agroindústria do açúcar. Além de meio de transporte, os rios forneciam força motriz para os engenhos de grande porte, os engenhos chamados "reais".

As moendas

A carta regimento de Tomé de Souza insistia na cessão de sesmarias em regiões próximas a rios, como incentivo para o erguimento de engenhos d'água. A demoninação "engenhos reais" não se devia a serem propriedade da Coroa, mas por serem os "reis" dos engenhos, produzindo mais.

Os engenhos d'água conviveram, em todo o período colonial, com outros tipos de aparelhagens, como os engenhos movidos a bois, bestas ou cavalos e mesmo, em alguns casos, a tração humana. No século XVI, Fernão Cardim assinalava que "outros não são de águas, mas moem com bois e são chamados trapiches". Para essas moendas era conhecidas, também, outras denominações: molinetes, almanjarras. No início do século XIX, Vilhena chamou-os de engenhos menos compostos.

Além das diferenças quanto ao uso de força motriz, os engenhos apresentaram formas diversas de moagem. Até o século XVII, o tipo dominante foi o engenho constituído por dois tambores horizontais, construídos em madeira. Esse tipo apresentava inconvenientes: a madeira não resistia ao desgaste e a rotação em um único sentido não permitia a alimentação pelos dois lados. O trabalhador deveria retirar o bagaço de um lado e deslocar-se para repassá-lo, pois a máquina tinha um lado de entrada e outro de saída. Esses procedimentos diminuíam o ritmo de produção e exigiam número maior de trabalhadores no trato da moenda.

Um dos maiores acontecimentos na melhoria da técnica de produção do açúcar ocorreu por volta de 1610. Frei Vicente do Salvador descrevia o uso de diferentes tipos de aparelhos para a moagem de cana (pilões, mós, eixos), mas chamava a atenção para o uso do engenho de "entrosas", introduzido por um clérigo de origem espanhola, vindo do Peru ao tempo do governo de D. Diogo de Menezes (1602 1613). O autor anônimo de *Diálogo das Grandezas do Brasil* estimava que rapidamente o uso do novo sistema se difundiria, desaparecendo os outros tipos de aparelhos. Todavia, ao lado do engenho de "palitos", como também foi chamado o novo sistema, permaneceram variadas formas, utilizando diferentes fontes motrizes.

A moenda de entrosas ou de palitos oferecia muitas vantagens. Possuía três cilindros revestidos de metal, cuja rotação permitia a alimentação por dois lados, reduzindo o número de trabalhadores e agilizando a produção.

A água necessária para a movimentação da roda era provida pelo escoamento da levada, espécie de tanque ou açude, com barragem de pedras e tijolos. O nome remonta ao medievo português e liga-se ao fato de que a água represada era conduzida (levada) para girar a roda. Mourões de alvenaria sustentavam a calha que conduzia a água à roda.

A construção das rodas e sua manutenção exigiam mão-de-obra especializada. Seu material básico era a madeira. Os reparos eram constantes, e a cada três anos, todo o equipamento era trocado. Para o manejo de um engenho era fundamental a lenha, combustível que alimentava as fornalhas, à razão de um carro de boi por hora, no período da safra. Por isso, foram justamente chamadas por Antonil de "bocas verdadeiramente tragadoras de matos, cárceres de fogo e fumo perpétuo e viva imagem de vulcões, vesúvios, etnas". O litoral nordestino, primitivamente recoberto de matas, foi devastado. Em 1660 os Oficiais da Câmara da Bahia enviavam ao Rei uma representação "sobre o prejuízo que se seguia em se fabricarem muitos engenhos de açúcar juntos uns dos outros pela terra a dentro, sem terem lenhas bastante para seu gasto". A escassez de lenha obrigou, com o tempo, à construção de engenhos mais afastados do litoral. Por outro lado, no Brasil resultaram improfícuas tentativas de utilização do bagaço de cana como combustível, ao contrário das Antilhas, onde o processo era adotado. A necessidade de maior evaporação no cozimento do caldo, no Brasil, devia-se à qualidade de nossa cana, mais aguada que o tipo da cana antilhana, mais açucarada.

O bagaço não aproveitado encarecia a produção, pois eram necessários quatro ou seis escravos para diariamente lançá-lo ao campo, onde; no final da safra, era queimado.

Depois da introdução dos palitos ou moendas verticais, o processo de transformação da cana-de açúcar não sofreu substanciais diferenciações, até o advento da máquina a vapor, no século XIX.

O FABRICO DO AÇÚCAR

A moagem de cana iniciava-se, em geral, no mês de agosto, prolongando-se até abril ou início de maio. O corte e o envio de cana ao engenho eram programados pelos senhor e comunicados aos lavradores pelo feitor-mor.

No século XVII, um engenho de grande porte, como o de Sergipe do Conde, do Recôncavo, moía cerca de 203 tarefas, significando 203 dias líquidos de trabalho. Para manter tal ritmo de produção, o setor de moagem e de cozimento trabalhava diuturnamente, revezando-se duas turmas de trabalhadores. Já os setores de purga, secagem e encaixotamento trabalhavam apenas um período.

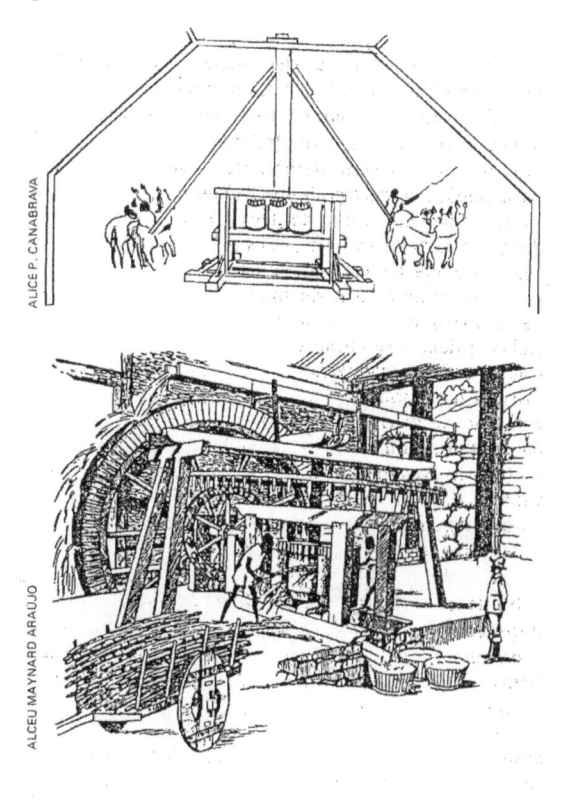

O ritmo de trabalho, no engenho, era intenso. Mas em dez meses de atividades, o total de 203 dias líquidos de moagem demonstra, também, que as paralisações eram frequentes. Quebra de aparelhos (roda, moenda, calha da levada), falta de lenha, domingos e dias santos eram os principais motivos da suspensão dos trabalhos do açúcar.

Chegando à casa da moenda, trazida do porto pelos carros de bois, as canas eram limpas e preparadas. Iniciava-se então o processo de moagem. Os roletes eram introduzidos entre dois tambores e, ao sair do lado oposto, repassados, completando-se a extração do caldo. Mesmo assim o aproveitamento da cana era reduzido, em torno de 56% do caldo era realmente extraído. O sumo obtido ia para um reservatório, o parol, sendo depois conduzido, por gravidade ou guindagem, à casa das fornalhas, onde se processava o cozimento.

Cozido e clarificado em enormes recipientes de cobre (tachos, paróis e caldeiras), o caldo, livre de impurezas, transformava-se em melaço e era colocado, em graus de cozimento diferentes, nas formas. Estas, vasos de barro queimado em forma de sinos, comportavam cerca de 32 litros.

Conduzidas para a casa de purgar, as formas eram assentadas em mesas com cavidades para encaixe, onde se esperava a "purga" – drenagem natural da aguardente. Em seguida, processava-se o branqueamento, com adição de barro e água, durante mais ou menos quarenta dias.

A secagem era o passo seguinte. Em dias quentes e secos, colocavam-se as formas ao sol, em mesas recobertas de couro. Desenformado o açúcar, separava-se, com faca fina, a parte branca da "mascavada" (assim chamada a parte escura, "mascarada"). Do processo de transformação resultavam diferentes tipos de açúcar, a que correspondiam preços diversos. Os açúcares resultantes da primeira cocção, e que alcançavam os melhores preços, eram denominados "macho", subdivididos em branco fino, branco redondo, branco baixo e mascavado, de acordo com a posição na forma e o grau de branqueamento adquirido. Os meles que escorriam durante o primeiro processo de purga eram recolhidos e reprocessados, dando os açúcares "batidos" ou "retames", de cotação inferior. O melaço escorrido da forma constituía, também, a matéria-prima para o fabrico de aguardente, de amplo consumo na Colônia e de alto valor para o escambo de negros na África.

Separado de acordo com a qualidade, ia o açúcar para o balcão de peso. A unidade utilizada era a arroba, subdividida em 32 libras. Cuidadosamente, com o auxílio de uma pequena pá, o açúcar era pesado, sendo registradas as partes que cabiam ao senhor de engenho, ao lavrador e ao dízimo. Seguia-se o encaixotamento. As caixas eram de madeira bem seca e bem aparelhada, calafetadas com barro e forradas com folhas de bananeira. Comportavam entre 20 e 35 arrobas, ou seja, de 300 a 525 quilos. Marcadas com ferro ou tinta, identificando tipo, peso, proprietário e mercador, seguiam para o trapiche, em barcos. O envio para o Reino podia ser feito diretamente pelo produtor ou por um mercador.

O engenho era, pois, uma complexa combinação de terra, técnica, trabalho compulsório, empresa e capital, que abrangia moendas, partidos de cana, pastos, senzalas, casa-grande, escravos e equipamentos. Atividade peculiar, que combinava no campo a *plantation* e o processo semi-industrial de transformação da cana, a economia açucareira criou uma sociedade *sui-generis*, com uma hierarquização interna de poderes e dependência mais diversificada.

O conjunto de atividades e operações complexas que constituíam os trabalhos do açúcar requeriam equipamentos caros e quantidade considerável de braços. O valor de um engenho, com suas terras, aparelhamento, culturas e benfeitorias, era calculado, em 1635, em cerca de sessenta mil cruzados. No final do século XVIII, o valor de um engenho, no litoral, girava em torno de 8 mil libras.

Se a instalação de um engenho exigia grandes recursos, seu manejo implicava largas despesas. O engenho de Sergipe do Conde, da Bahia, que pertencia a jesuítas, apresentava, em 1623, o quadro de despesas (em mil réis) da página seguinte.

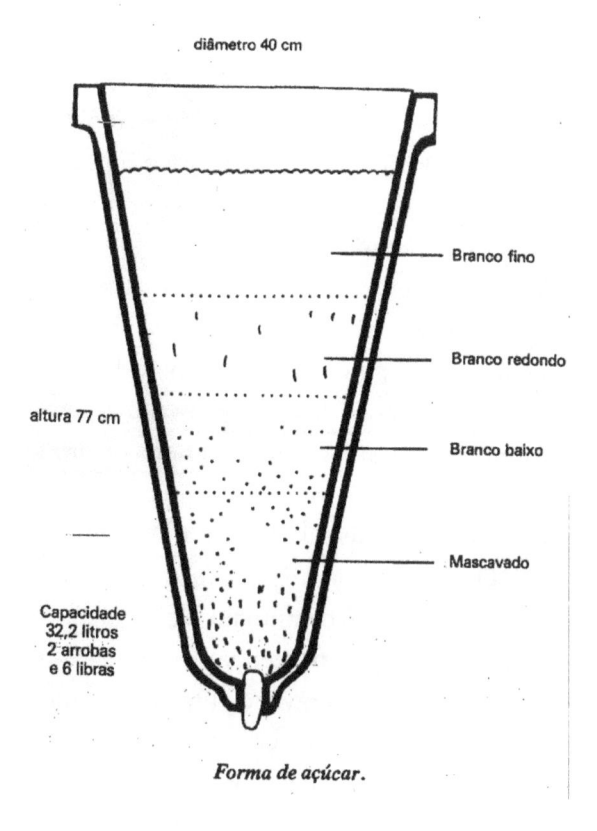

diâmetro 40 cm

altura 77 cm

Branco fino

Branco redondo

Branco baixo

Mascavado

Capacidade
32,2 litros
2 arrobas
e 6 libras

Forma de açúcar.

Salários	939.800	16,2%
Lenha	1.056.050	18,3%
Manutenção de barcas	213.908	3,7%
Obras de manutenção	462.898	8,0%
Cobres	636.482	11,0%
Obras (ampliação)	206.968	3,6%
Embalagens	239.160	4,1%
Fretes	22.300	0,4%
Armazenamento	54.130	0,9%
Móveis e utensílios	152.872	2,6%
Alimentação	534.173	9,4%
Vestuário	109.767	1,9%
Porção dos padres	80.000	1,4%
Pagamento de dívidas	556.739	9,6%
Compra de escravos (reposição)	171.500	3,0%
Compra de escravos (ampliação)	171.500	3,0%
Demandas judiciais	21.780	0,2%
Diversos	156.190	2,7%
Total	5.786.220	100,0%

O estabelecimento inicial de um engenho era também obra de vulto e requeria investimento da ordem de 40 mil cruzados. Mas, se era preciso muito dinheiro para mover tal empresa, as atividades do açúcar apresentavam resultados generosos. Os comerciantes europeus, que adiantavam recursos para os senhores, beneficiavam-se com a compra antecipada das safras, lucrando na venda na Metrópole cem por cento do preço pago na Colônia. Para os senhores, a recompensa estava no poder e *status* desfrutados e, embora eternamente endividados em relação ao comerciante metropolitano, ostentavam vida opulenta, onde não faltavam a criadagem numerosa, roupas de seda e de veludo, a prataria, os cristais.

Os trabalhadores do açúcar

> *E verdadeiramente quem via na escuridade da noite aquelas fornalhas tremendas perpetuamente ardentes (...) o ruído das rodas, das cadeias, da gente toda de cor da mesma noite, trabalhando vivamente, e gemendo tudo ao mesmo tempo, sem momento de tréguas, nem de descanso; quem vir enfim toda a máquina e aparato confuso e estrondoso daquela Babilônia, não poderá duvidar, ainda que tenha visto Etnas e Vesúvios, que é uma semelhança do inferno.*
>
> Padre Antonio Vieira

Ao observador do século XVII chocava a imagem de pesadelo, do trabalho nos engenhos do açúcar. Fogo, suor, negros, correntes, rodas, caldeiras ferventes compunham o quadro de labor incessante das fábricas de açúcar, diuturnamente, nos meses de safra, de agosto a maio.

Uma verdadeira fábrica

Até o século XVIII, a produção de açúcar nas colônias americanas foi a atividade mais complexa e mecanizada conhecida pelos europeus. A necessidade da produção em larga escala organizou o trabalho, nas unidades açucareiras, dentro de um rígido espírito de ordem, hierarquia, sequência e disciplina. Visto desse ângulo, constituiu-se, característicamente, em manufatura moderna. Em seu espaço, o processo produtivo decompôs o ofício manual, especializou ferramentas, formou trabalhadores parciais, agrupando-os e combinando-os num mecanismo único.

A jornada de trabalho dos engenhos estendia-se aos limites da exaustão "física: moendo ininterruptamente, utilizavam dois turnos de trabalhadores. O processo de produção, dividido em tarefas simples e executado por trabalhadores sem habilidade específica, sob a direção de alguns artesãos especializados. O trabalho sequencial não comportava paradas para mudanças de local ou de ferramentas. A matéria-prima – a cana, o caldo, o mel – percorria diferentes etapas de processamento. Os trabalhadores estavam organizados, espacial e funcionalmente, em equipes. O açúcar resultou da articulação de uma estrutura técnica e social de produção, que realmente se engrenava como um complexo "engenho".

Durante a safra, o engenho operava vinte horas seguidas, com um descanso de quatro horas para a limpeza dos equipamentos. As canas eram colocadas nas moendas e o caldo processado na casa de cozer era sucessivamente fervido, coado, purificado, até obter o ponto para ser colocado nas formas. Estas, depois de esfriadas e colocadas nos balcões da casa de purgar, eram submetidas ao longo processo de clarificação. O açúcar aguardaria cerca de quarenta dias para ser desenformado, dividido, pesado e encaixotado.

Todo esse processo intenso e complexo de atividades era articulado de forma a evitar perdas e assegurar a produção. O trabalho englobava fases conexas e sequenciais, e as operações parciais e sucessivas, desenvolvidas em espaços contíguos, garantiam uniformidade, regularidade, ordenamento e intensidade. Cada grupo isolado de trabalhadores, que executavam tarefas ligadas à mesma função, parcial (moer, cozinhar, purgar, embalar) integrava-se enquanto peça da produção total. O aumento da produção só era possível pela alteração proporcional de cada setor do processo. Assim, se a capacidade de moagem fosse aumentada, pela utilização de mais uma moenda, por exemplo, os setores de cozimento, purga, de caixotaria, deveriam ser alterados na mesma proporção.

Perante essa formidável organização, o trabalho individual era imperativo, ditado pelo próprio funcionamento do engenho, escapando à vontade dos trabalhadores. Equacionado quase como uma fábrica no sentido atual do termo, nele os trabalhadores-escravos na maioria e alguns poucos assalariados não tinham empenho pessoal na produção, ditada pelos interesses do comércio europeu.

A ORGANIZAÇÃO DO ENGENHO

É possível distinguir, pela análise dos documentos coloniais, o esquema de organização dos engenhos, estruturados em quatro setores fundamentais: administração, manutenção, transporte e processamento da cana.

Ao senhor cabia a administração. O proprietário do engenho, no Brasil, era residente e presente em toda a safra, enquanto nas Antilhas os proprietários viviam na Metrópole, delegando a direção dos negócios a terceiros. Cabia ao senhor, assessorado por um padre e pelo feitor-mor, a supervisão de todas as atividades ligadas à produção do açúcar. Os engenhos de grande porte, como o de Sergipe do Conde, na Bahia, que processavam cana de lavradores e tinham terras arrendadas, possuíam um esquema de apoio legal e contábil, formado por um solicitador, dois licenciados, um cobrador de rendas e um escrivão. A eles cabia resolver questões de terras, o cumprimento da obrigação de entrega das canas e do pagamento das rendas, a contabilização da distribuição do açúcar produzido. Como apoio, o engenho contava ainda com os serviços de um cirurgião, encarregado de cuidar dos negros, e de caixeiro da cidade, responsável pelo setor comercial.

A incrível maquinaria do engenho requeria frequentes consertos e manutenção. Para esse fim contava com um carapina fixo, assalariado, que cuidava da roda d'água, do engatamento e da moenda. Para os outros serviços de manutenção, eram contratados trabalhadores eventuais: carpinteiros para as barcas, pedreiros, calafates etc.

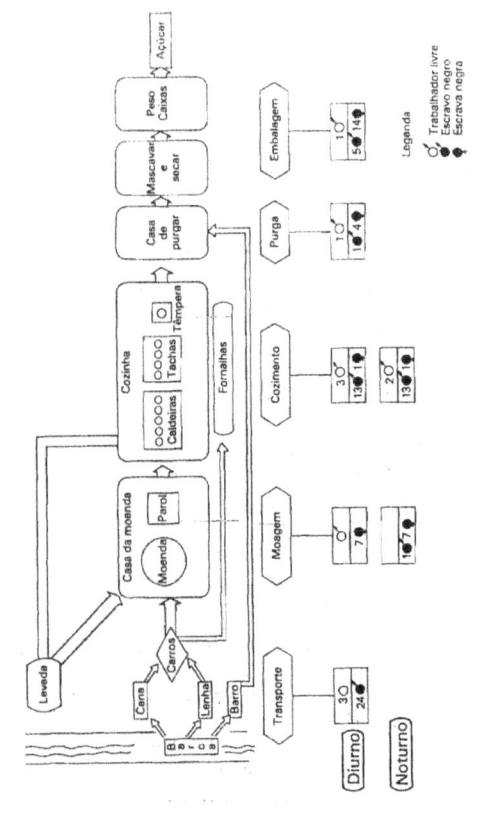

O transporte da cana para o engenho, do porto para a moenda e do açúcar para os armazéns da cidade, era garantido pelo concurso de carros de bois e de, pelo menos, três barcas. Originalmente os engenhos contavam com três barqueiros livres e assalariados, auxiliados por cerca de dezesseis escravos. Nos séculos XVIII e XIX, os cronistas fazem referências apenas a barqueiros escravos. Os carros de bois (em geral quatro, somente para o trabalho do engenho) – exigiam o trabalho de dois escravos para cada um.

O processo de produção do açúcar compreendia tarefas sequenciais na moenda, na cozinha, na casa de purgar e no setor de secagem e caixotaria. Nas moendas trabalhavam o feitor-pequeno e o levadeiro, mais sete ou oito escravos por turno. Na cozinha estavam o mestre de açúcar, o banqueiro, dois caldeireiros de melar, um caldeireiro de escumar e 14 escravos por turno. No trabalho da noite, as funções do mestre de açúcar eram exercidas pelo sotobanqueiro. A casa de purgar contava com o trabalho de um purgador e cinco escravos, apenas no período diurno. A secagem, pesagem e encaixotamento requeriam um caixeiro e dezenove escravos, também em turno único.

Durante a segunda metade do século XVII, essa organização básica sofreu modificações em sua estrutura. Verificou-se a substituição de assalariados por escravos e notável aumento da escravaria, estimada para o século XVII em 90 peças. A partir de

1650, cresceu a utilização de trabalhadores eventuais para os serviços de construção e manutenção, diminuíram os assalariados e a remuneração decresceu, enquanto aumentava a compra de escravos. No início do século XVIII, de acordo com a descrição de Antonil, o engenho Sergipe do Conde, na Bahia, que em 1635 contava com 80 escravos e 13 assalariados, possuía então cerca de 200 escravos e seis assalariados.

Trabalhadores livres

O que era esse trabalhador livre e assalariado? Seu conceito, na produção açucareira do período colonial, não pode ser confundido com os trabalhadores livres europeus, artesãos ou jornaleiros, nem com o do proletário do capitalismo. Na Colônia, a determinação básica das categorias sociais foi a escravidão. Somente no trabalho escravo e dentro de sua dinâmica é possível entender as funções dos trabalhadores livres.

O trabalhador livre era, fundamentalmente, um técnico habilitado, conhecedor de procedimentos indispensáveis ao processo do açúcar ou de habilidades artesanais desconhecidas pelos negros.

Entretanto, na medida em que esses trabalhadores habilitados, donos de conhecimentos especializados, só podiam existir no âmbito da linha de produção do engenho, essas capacidades intelectuais passavam a fazer parte da própria estrutura produtiva, tornando-se, gradativamente, alheias ao trabalhador. Aos poucos tais técnicas foram sendo dominadas, subdivididas e executadas por trabalhadores menos hábeis, com menor remuneração, ou por escravos. (Vilhena, no início do século XIX, assinalava que as funções de mestre de açúcar, na Bahia, eram usualmente exercidas por um negro alforriado).

Dentre os trabalhadores livres, pagos sistematicamente pelos engenhos, podemos destacar:

Feitor-mor: era uma espécie de gerente. Cuidava de todos os problemas com o pessoal do engenho. Na época da safra devia estar ciente da ordem de corte de cana, avisando os lavradores e providenciando o transporte das tarefas dos partidos para o engenho. Cabia-lhe, também, verificar o estado dos diversos setores e dos apetrechos, providenciando consertos e substituição. Era responsável pelos escravos, quer quanto à distribuição, quer quanto à disciplina. Em caso de doença, cabia a ele afastar o escravo do trabalho. Estando o negro à morte, cumpria-lhe providenciar que recebesse os últimos sacramentos. Antonil adverte que o feitor deveria ser o braço do senhor, mas que não deveria arvorar-se em cabeça, cumprindo sempre ao proprietário tomar decisões. Na época colonial, o salário do feitor-mor variou de 110.00 réis, na primeira metade do século XVII, a 60.000 réis, no século XVIII. Nessa época, parte das funções do feitor-mor eram exercidas pelo feito de partidos, a quem cabia cuidar das plantações.

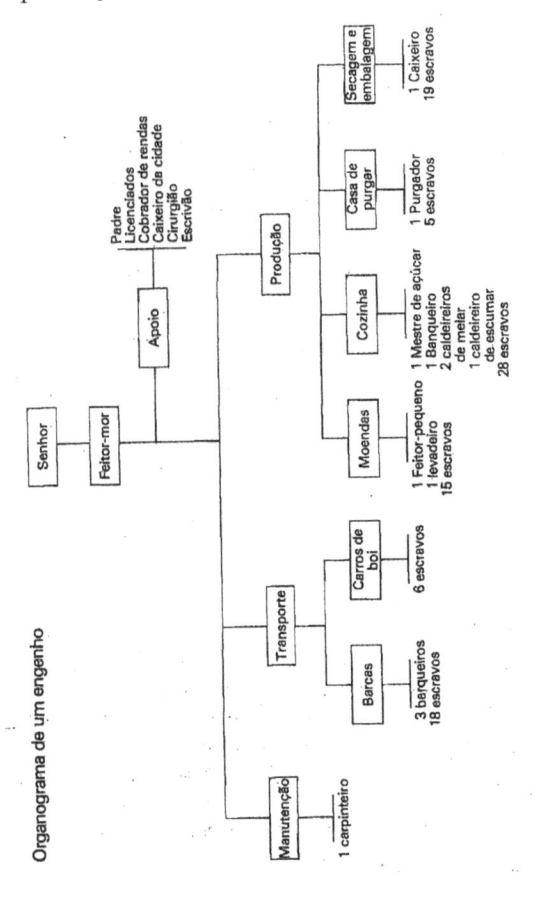

Organograma de um engenho

- Senhor
- Feitor-mor
  - Apoio
    - Padre
    - Licenciados
    - Cobrador de rendas
    - Caixeiro da cidade
    - Cirurgião
    - Escrivão
  - Produção
    - Moendas — 1 Feitor-pequeno, 1 levadeiro, 15 escravos
    - Cozinha — 1 Mestre de açúcar, 1 Banqueiro, 2 caldeireiros de melar, 1 caldeireiro de escumar, 28 escravos
    - Casa de purgar — 1 Purgador, 5 escravos
    - Secagem e embalagem — 1 Caixeiro, 19 escravos
  - Transporte
    - Barcas — 3 barqueiros, 18 escravos
    - Carros de boi — 6 escravos
  - Manutenção — 1 carpinteiro

Caixeiro da cidade: sua função era de agente comercial. Recebia do engenho o açúcar encaixotado e colocava-o no armazém do cais do porto. Encarregava-se da venda ou do embarque (quando o produtor negociava o açúcar diretamente em Lisboa). Sua remuneração oscilou entre 28.000 e 90.000 réis, em geral, numa média de 40.000 réis. Essa função era normalmente exercida por um comerciante da cidade que, com frequência, adiantava recursos ao engenho.

Cobrador de rendas: função típica da época em que os engenhos moíam predominantemente cana de lavradores e que arrendavam suas terras. Deveria fazer cumprir a obrigação de moagem dos lavradores de cana obrigada, bem como receber as rendas dos lavradores arrendatários. Recebia anualmente cerca de 40.000 réis.

Escrivão: também citado como despenseiro. Controlava os estoques (ferramentas, tecidos, alimentos) e transcrevia os livros de controle. Essa categoria, bem como a de cobrador de rendas, a de solicitador e a de licenciado, parece ter sido específica dos engenhos pertencentes aos jesuítas, que dispunham de uma organização administrativa mais racional. Nos engenhos de leigos, quando necessárias, tais funções eram exercidas pelo próprio senhor.

Solicitador: procurador do engenho em demandas em relação à posse ou questões com os lavradores. Sua remuneração era de cerca de 40.000 réis anuais.

Letrados: em época de demandas judiciais, assessoravam o solicitador. Recebiam 30.000 réis anuais.

Cirurgião: cuidava dos negros, sangrando-os e aplicando-lhes medicamentos, em geral ervas (as mezinhas). Citado na documentação dos séculos XVI e XVII, não há referências às suas funções no século XVIII. Citado na documentação dos séculos XVI e XVII, não há referências às suas funções no século XVIII. Sua soldada era de 30.000 réis.

Mestre de açúcar: era o mais especializado dos trabalhadores. Espécie de engenheiro de produção, comandava todos os processos técnicos para a obtenção do açúcar. A ele cabia: controlar a moagem de acordo com o funcionamento da cozinha, evitando que o excesso de caldo, se não processado, azedasse; controlar o cozimento, de acordo com o tipo de cana; estabelecer as diversas têmperas do açúcar para sua colocação nas formas; administração direta da cozinha e do trabalho dos tacheiros e caldeireiros. Sua remuneração, entre o século XVII e XVIII, variou de 170.000 a 120.000 réis.

Caldeireiro de escumar: tinha por encargo a limpeza do caldo no processo de decoada. Percebia em média 35.000 réis anuais.

Banqueiro: auxiliar direto do mestre de açúcar. Substituía-o na supervisão, durante o trabalho no turno, recebendo 50.000 réis anuais.

Carapina (ou carpinteiro): na primeira metade do século XVII era trabalhador fixo dos engenhos. Por haver constantes citações de outros carapinas para serviços específicos, deduz-se que sua função fosse a manutenção das rodas da moenda. Recebia 80.000 réis anuais.

Feitor-pequeno: cuidava de todo o setor de moagem e era assistido pelo levadeiro. Deveria cuidar do recebimento da cana e de sua introdução na moenda, de acordo com o ritmo determinado pelo mestre de açúcar. Era seu encargo atentar para que as negras não dormissem "pelo perigo que há de ficarem presas e moídas, se lhes não cortarem a mão quando isto sucede", advertia Antonil. Sua remuneração era de 50.000 réis.

Levadeiro: era responsável pela relação entre a força d'água e o funcionamento da moenda. Recebia, anualmente, 45.000 réis.

Purgador: responsável pela supervisão do processo de clarificação do açúcar. Recebia como soldado 50.000 réis anuais.

Barqueiros: no século XVII eram três assalariados, assessorados por cerca de 16 escravos. Recebiam cerca de 40.000 réis anuais.

Além desses trabalhadores fixos, constantes nas escriturações dos engenhos e nas descrições dos cronistas, concorriam para a produção trabalhadores pagos por dia ou por empreitada: carapinas, calafates (para o serviço de calafetagem dos barcos), ferreiros, pedreiros, tacheiros (para refazer os tachos de cobre) etc. Na documentação colonial nota-se diferenciação dos pagamentos em relação à habilidade e à raça. Quanto à habilidade, a remuneração era diferenciada, quer se tratasse de artesão, mestre ou aprendiz. Os índios recebiam remuneração menor que os brancos e os negros forros. E os negros, mesmo se profissionais habilitados, percebiam menos que os aprendizes brancos.

O TRABALHO DOS ÍNDIOS

Em alguns engenhos, especialmente nos administrados por jesuítas, encontramos referências ao trabalho de indígenas. Não eram utilizados como escravos, mas exerciam tarefas simples, como a da limpeza anual da levada, cuidar do sangradouro, cortar lenha. Esporadicamente trabalhavam como carapinas, nas barcas ou na casa de purgar.

O que mais chama a atenção, porém, é a utilização sistemática do indígena como capitão-de-mato, na caça aos escravos negros fugidos. Tal atividade criava uma distinção ideológica entre negros e índios. Os índios, "livres", caçavam negros escravos. Os negros viam no índio um inimigo, jamais um aliado, um igual na opressão. Os índios, europeizados nos aldeamentos, identificavam-se aos colonizadores, opondo-se aos negros "colonizados". De conquistados, travestiam-se em conquistadores. Nesse sentido, o índio era utilizado como peça da colonização, agente e paciente da sua própria submissão.

Escravos negros

Mas a base desse trabalho, e de toda sociedade colonial, era o escravo negro. Era ele o fundamento de todo o processo de produção, de toda a organização do engenho e da lavoura. Antonil, no princípio do século XVIII, cristalizou o sentido mesmo da colonização, ao afirmar: "Os escravos são as mãos e os pés do senhor do senhor de engenho, porque sem eles no Brasil não é possível fazer, conservar e aumentar fazenda, nem ter engenho corrente".

A gênese do escravismo moderno está profundamente ligada à articulação, nas colônias, de grandes unidades de produção, voltadas para o mercado europeu. A produção, em larga escala, para um mercado distante e sem qualquer ligação imediata com o consumo, exigia um grande contingente de trabalhadores que se submetessem a trabalhar para outros, sem terem, eles mesmos, qualquer motivação pessoal pelo processo de produção.

Tratou-se, então, da constituição de uma nova forma de organização do trabalho, sem parâmetros na Europa, que exigia uma nova categoria de trabalhadores, alienados de tudo: dos meios de produção, de suas origens, de sua liberdade. O processo de produção, o destino do produto, o próprio sentido da atividade produtiva escapavam ao produtor direto. A organização do engenho como linha de produção, ao mesmo tempo que dividia tarefas, organizava os trabalhadores dentro de uma atividade contínua e sequencial, que os transformava em objetos do processo. A produção era o comandante do trabalho escravo, ao invés de ser o resultado desse trabalho.

A atividade produtiva, no engenho, assumia realmente o caráter de trabalho (do latim *tripaliare*, torturar). Era um fardo, um sofrimento a ser suportado, uma punição, uma pena. Era também uma atividade disciplinadora. Submetido a tarefas repetitivas, desprovidas, em si, de qualquer sentido, o escravo era levado à exaustão e à alienção. O padre Jorge Benci, no início do século XVIII, ponderava, que a principal razão para submeter os escravos ao trabalho era "para que não se façam insolentes, e para que não busquem traças e modos com que se livrem da sujeição do seu senhor, fazendo-se rebeldes e indômitos".

Mesmo mascarada pelas formas paternalistas, a escravidão, nas unidades açucareiras do período colonial, estava intimamente ligada à violência. A captura do negro, em África, havia sido violenta. Violenta era a jornada para o Brasil. A atividade produtiva, sem qualquer sentido, repetitiva e cansativa, era uma profunda violência. As próprias condições de compulsoriedade do trabalho impunham formas coercitivas de motivação ao trabalho, como o medo ao castigo. Mas embora durante todo o período colonial se tenham organizado códigos disciplinares para os escravos, a docilidade, a obediência ao trabalho, a humildade eram preferencialmente obtidas pela introjeção da superioridade e do poder do senhor. Os castigos, as punições, os açoites, o tronco eram medidas extremas, reservadas aos que não se submetessem. De qualquer forma, essa submissão, essa introjeção da figura do senhor, constituía-se em profunda violência, na medida em que despersonalizava o negro, criando-lhe uma nova identidade, a de escravo.

Ligado inicialmente à necessidade de prover a mão-de-obra numerosa para a produção colonial, o escravismo moderno intensificou-se ao longo de nossa história, penetrando em toda a sociedade colonial. Gradativamente, a nível do engenho, observou-se a substituição do trabalho dos "oficiais" de açúcar, assalariados, por escravos. Ao mesmo tempo, pode-se notar que o tratamento dado aos escravos piorou: desapareceu a categoria de cirurgião, que cuidava dos escravos doentes, como um elemento permanente do engenho; diminuíram as compras de alimentos para os escravos; aumentaram as referências às mortes e às epidemias; sucederam-se as fugas; cresceu a frequência da compra de escravos para a reposição do plantel, e a vida útil do negro cativo, em geral, não ultrapassava dez anos.

Do ponto de vista puramente monetário (que não sabemos ocorresse ao senhor de engenho), a substituição do assalariado por escravos era vantajosa. Considerando-se que um plantel de 110 escravos processava uma tarefa diária de cana, gerando cerca de 30 formas de açúcar, ao final da safra o engenho retinha, para si, 4.500 arrobas de açúcar. Ao preço médio de 1.000 réis a arroba, cada escravo produzia, com seu trabalho, um valor anual de 40.000 réis. Estimando-se o custo da manutenção de cada negro em 4.500 réis anuais, ao final de oito anos de vida útil (vida média dos .escravos na produção do açúcar), cada negro representava um desembolso de 80.000 réis (44.000 pela compra e 36.000 pela manutenção).

Nesse mesmo período, teria gerado por seu trabalho um valor de cerca de 320.000 réis. Um assalariado de 40.000 réis representaria, em igual período, um desembolso de 320.000 réis. E, em termos absolutos, cada escravo engajado na produção de açúcar repunha o investimento inicial (de 44.000 réis), após 14 meses de trabalho. Essa substituição do assalariado pelo escravo resultou, todavia, em perda de qualidade do açúcar. Vilhena, no início do século XIX, observava que a ignorância dos mestres de açúcar, mulatos ou negros em geral, implicava a péssima qualidade do açúcar. Dessa forma, não podemos entender a substituição dos assalariados especializados por escravos, apenas pela ótica econômica. A disseminação do escravismo representou, sobretudo, na produção açucareira, a cristalização de formas específicas de vida social e de dominação.

A organização produtiva do açúcar foi equacionada de forma a maximizar a produção, através de trabalhadores que não tinham razões diretas para se empenharem no trabalho, já que os objetivos da própria produção eram ditados por uma vontade alheia, a do proprietário. Era necessário, ao senhor, que esses trabalhadores perdessem todo o controle do processo, assegurando a completa subordinação da produção ao proprietário dos meios de produção. Era preciso, inclusive, que o saber especial dos processos de fabricação do açúcar também fosse escravizado. Dessa forma, o senhor colocava-se como o único coordenador do processo de produção, único capaz de dar unidade ao fragmentado mundo do açúcar.

A produção de açúcar na Colônia permitiu ao comércio europeu intensificar a acumulação de capitais, que resultaria, no século XVIII, na Revolução Industrial e na afirmação do capitalismo. Mas, ao mesmo tempo, a nível colonial, consolidava-se uma sociedade escravista cujo sentido era dado pela posse e pelo trabalho dos escravos e não pelas ideias de lucro e produtividade, típicas da mentalidade burguesa.

Era preciso considerar atentamente esse caráter da produção colonial, para entendermos, entre outras coisas, a substituição inexorável do trabalho livre de assalariados na produção do açúcar por escravos, declinando a qualidade e a quantidade produzidas. Num movimento contraditório, enquanto a nível mundial delineava-se a economia capitalista, auferindo os lucros comerciais da produção colonial, internamente à Colônia, o processo produtivo esclerosava um imenso quadro de geração e manutenção do poder.

Os negócios do açúcar

> *... Gente... que trata de suas navegações e vem aos portos... com suas naus e caravelas carregadas de fazenda que trazem por seu frete, aonde descarregam e adubam suas naus e as tornam a carregar...*
>
> Diálogo das Grandezas do Brasil

Dois mundos complementares, mas diferentes, tocando-se quando os navios chegavam aos portos brasileiros. De um lado, o dinamismo do comércio, que via no lucro, nos negócios o único sentido da produção. De outro lado, a Colônia produtora de açúcar, que descobrira sua lógica interna nesse mundo de senhores e escravos. Dois universos tão intimamente ligados, que era impossível a existência de um sem o outro. Mas tão profundamente diferentes que as relações entre a Colônia e a Metrópole seriam eternamente tensas.

A Colônia nascera da dinamização das atividades mercantis europeias e apenas no comércio sua produção adquiria sentido. Para o mercado interno não se fazia necessária tal quantidade de açúcar. Colocado nos trapiches a beira-mar, era produto morto, sem utilidade. No mercado europeu, assumia seu caráter de mercadoria, alvo de transações e de consumo. O comércio era o cordão umbilical, o elemento de ligação entre a produção e o mercado distante. A rede mercantil abastecia a Colônia de tudo que era necessário e regulava a produção açucareira, de acordo com a demanda europeia.

O COMÉRCIO TRIANGULAR

Na segunda metade do século XVI, o açúcar do Brasil constituía um dos vértices do sistema triangular de comércio, que envolvia a América, a Europa e a África. Navios partidos de Lisboa carregavam para as costas do golfo da Guiné produtos manufaturados, conduzindo depois para o Brasil escravos negros e, posteriormente, açúcar brasileiro para Lisboa. Numa outra corrente de comércio, navios carregavam produtos manufaturados, vinhos e alimentos, artefatos de cobre para o Brasil, levavam aguardente e tabaco para a África, retornavam ao Brasil com negros, seguindo abarrotados de açúcar para Lisboa.

A viagem entre Lisboa e o Brasil durava cerca de três meses. Os negociantes, que acompanhavam suas mercadorias, eram os grandes beneficiários dos negócios do açúcar. Ansiosos por comprar as mercadorias do Reino, os produtores de açúcar tornavam-se presas fáceis dos comerciantes. Vendiam seus produtos a preços baixos, comprando os produtos europeus a preços muito altos, endividando-se. Muitas vezes, vendiam antecipadamente suas safras ou hipotecavam seus engenhos. Insolventes, eram obrigados a entregar seus bens. Os mercadores, que já lucravam na venda do açúcar, constituíam-se gradativamente em verdadeiros banqueiros, financiando a venda de escravos e o fornecimento dos senhores de engenho e lavradores de cana.

O regime de frotas

Depositados nos armazéns do porto (chamados "passos" em Pernambuco e "trapiches" na Bahia), o açúcar aguardava o embarque. Transportado á Lisboa, era acompanhado de um "conhecimento" que garantia a legalidade do carreto. Inicialmente esse procedimento objetivava assegurar o monopólio português do comércio do açúcar, todavia a produção crescente levou a Coroa a conceder licenças especiais a navios estrangeiros.

Nos primeiros tempos da colonização, o transporte e o comércio do açúcar eram feitos normalmente, podendo os navios vir ao Brasil de acordo com seus interesses. Mas à medida que as lutas pela hegemonia europeia se .agravavam, alcançando as rotas marítimas, Portugal restringiu o comércio ao sistema de comboios ou frotas. Durante a União Ibérica, o conflito com a Holanda atingiu o comércio açucareiro, e entre 1624 e 1626, apenas, Portugal perdeu 120 navios, 60 mil caixas de açúcar, além de pau-brasil, tabaco, âmbar, escravos e dinheiro. Minguando o fluxo de barcos, declinavam os engenhos e a produção. O produto dos saques era levado aos mercados europeus, a preços baixos, concorrendo com os preços normais.

Essa longa conjuntura de guerras e invasões, que marcou a primeira metade do século XVII, enfraqueceu a rede de transportes e de comércio de Portugal. Até então, a associação com os flamengos garantira o escoamento e a rentabilidade dos negócios coloniais. A ruptura com os holandeses, porém, colocou a questão da necessidade de um esquema comercial seguro e constante. Num primeiro momento a solução foi a adoção do regime de frotas, comboiadas por navios de guerra. Os navios só poderiam zarpar do Reino entre 10 de agosto e 31 de março, em função do regime de ventos, sempre em número superior a quatro. O regime de frotas foi alvo das críticas dos mercadores e dos produtores. Os comerciantes do Reino perdiam a liberdade de ação, que lhes impedia aproveitar as oportunidades de realização de negócios. Os produtores do Brasil sofriam o peso do monopólio, que os obrigava a e ver e comprar em datas determinadas, sem possibilidade de escolha ou alternativa de preços.

Estabelecido primeiramente devido à instabilidade das guerras, o sistema de frotas continuou a dominar o comércio praticamente até o final do século XVIII. A partir de 1640, com a Restauração, Portugal buscou reorganizar seus esquemas comerciais. Sem uma frota naval de peso, foi necessário recorrer a capitais judeus. O peso da Inquisição, porém, tolhia o concurso desses recursos. Para isso, o padre Antonio Vieira interveio, mostrando ao rei as vantagens de suspender o sequestro dos bens dos judeus para que aplicassem na constituição de uma poderosa companhia de comércio. Assim foi feito e em 1649 era aprovado, por D. João IV, o estatuto da primeira Companhia de Comércio para o Brasil.

De sua organização poderiam participar cidadãos portugueses ou estrangeiros, residentes em Portugal. A Companhia tinha uma série de privilégios. O comércio de toda a costa do Brasil era monopólio seu. Comboiaria todos os navios mercantes que viessem ao Brasil ou dele voltassem, a uma taxa não superior a 10% e seguro não inferior a 25%. O vinho, o azeite, a farinha de trigo e o bacalhau eram gêneros estancados da Companhia. Em troca de todos os direitos, a Companhia se obrigava a enviar, por ano, duas frotas de comércio.

Os resultados não foram favoráveis. A Inquisição questionava a isenção dada aos judeus. Comerciantes e produtores alegavam que a Companhia não cumpria a obrigação contratual e que as frotas vinham irregularmente ao Brasil. As queixas avolumavam-se, e em 1657 a suspensão do confisco dos capitais judeus foi revogada e no ano seguinte foram suspensos os estancos da Companhia. A navegação de vinda para o Brasil ficava livre, mas o retorno devia aguardar pela frota da companhia.

A perda dos estancos era provida pelo aumento da taxação do açúcar, que agravava ainda mais a situação da exportação. Gradativamente, a Espanha passava ao Estado e os interesses comerciais declinavam. Juntamente com a rentabilidade dos negócios do açúcar. O regime de frotas, porém, persistia, sob direção da Coroa, sujeitando o comércio do açúcar à servidão dos preços de monopólio. No século XVIII, sob Pombal, o sistema de Companhias de Comércio foi restaurado, em benefício dos comerciantes metropolitanos.

Paraíso dos comerciantes

A partir do século XVII, a Colônia passou a pulsar no ritmo das frotas. Todos os negócios e pagamentos eram marcados para a época da chegada dos navios, geralmente pelo mês de maio, quando terminava a safra do açúcar. Com a frota chegavam os mercadores trazendo os gêneros da Europa e comprando os produtos da terra. Mas nem todos podiam comprar o que era necessário, ao tempo da frota, e como durante o ano novas necessidades se criavam, nos portos de açúcar prosperavam as lojas, atulhadas de mercadorias, principalmente tecidos. Eram os comerciantes da terra, que compravam grandes lotes dos mercadores das frotas e revendiam com altos lucros. Além desses, com lojas abertas na cidade, proliferavam os mascates, que levavam tecidos para vender diretamente nos engenhos e fazendas mais distantes. O comércio colonial era uma atividade altamente lucrativa.

Os mercadores vendiam aos lavradores e aos senhores de engenho, em troca da entrega de açúcar em safras seguintes, lucrando até 85% ao ano. Todo esse lucro, porém, não ficava em mão de portugueses. Muitos desses comerciantes autorizados nas praças brasileiras não desfrutavam de situação brilhante: ofereciam mercadorias estrangeiras, compradas fiado em troca da hipoteca antecipada de açúcar, o que restringia a margem de lucro. Por outro lado, embora rigorosamente estabelecido por lei, o monopólio português era frequentemente burlado.

Depois da Restauração, a dependência de Portugal em relação à Inglaterra facilitou a presença, no Brasil, de produtos ingleses contrabandeados. Mercadores estrangeiros serviam-se de "comissários volantes" que iam diretamente aos produtores, oferecendo mercadorias europeias a preços mais baixos e pagando melhor pelo açúcar. Esses agentes do contrabando, em geral, eram tripulantes dos navios portugueses, elementos da milícia ou membros do corpo administrativo da Colônia. Os cronistas da época registram que, sob as vistas grossas do governo colonial, mantinham-se no porto armazéns de mercadorias contrabandeadas.

O NEGRO COMO MOEDA

O comércio de negros era de vital importância na Colônia. Em torno dos mercados de escravos desenvolviam-se os negócios envolvendo açúcar e tabaco, pois a moeda era escassa. Os mercados de negros, nos primeiros tempos, não passavam de barracões toscos, onde os cativos eram amontoados à espera de comprador. No século XVIII, com o aumento da demanda, em função da mineração, verdadeiros bairros foram construídos para abrigar a preciosa mercadoria, como a região do Pilar, em Salvador. Freyuss, que visitou o Brasil no século XIX, observava que "apinhados às centenas num barracão, sumariamente cobertos com um pedaço de pano ou de lã que trazem à cintura (...) nus e pelados, sentados no chão, observando curiosos os transeuntes, pouco se diferenciam, aparentemente, dos macacos chegam da África já marcados a ferro em brasa, como os animais".

O tráfico negreiro era na verdade a moeda para a aquisição dos produtos coloniais. O comércio triangular permitia aos comerciantes europeus a obtenção do açúcar e do tabaco sem o desembolso de moeda metálica. Na Guiné, para a compra de escravos, entravam panos grosseiros, contas de vidro colorido, espelhos, bebidas, bugigangas. Na colônia, em troca de escravos, obtinha-se açúcar e tabaco, que se transformariam em moeda no circuito europeu de comércio. A economia colonial, dominada pela grande unidade açucareira, predominantemente autárquica, uma economia sem moedas, pois a quase totalidade dos serviços era provida por mão-de-obra escrava. A autossuficiência de uma sociedade onde o nível de existência era baixo, aliado ao pouco uso do salário, favorecia os pagamentos em espécie. A moeda era usada apenas como elemento de conta, e sua circulação, na realidade, era escassa. Nos negócios de importação tudo era calculado na base de débitos e créditos, e essa escassez crônica de meio circulante esclarece a importância do comércio com a região do Rio da Prata, onde se conseguiam moedas de prata e mesmo o fascínio que a descoberta das minas de ouro provocou sobre a economia açucareira.

O tráfico negreiro assumia, assim, seu pleno sentido. Sem o negro, Portugal teria de comprar os produtos coloniais em moeda corrente, fluindo metais para a Colônia, em prejuízo da Metrópole. Trocando as mercadorias por negros, obtinham-se produtos coloniais a baixo custo, ganhando-se tanto no tráfico negreiro como na comercialização do açúcar. Os produtores coloniais, por sua vez, ficavam atrelados aos fornecedores metropolitanos, trocando açúcar pela mão-de-obra necessária para produzi-lo. Como a necessidade de reposição da força de trabalho era constante, os senhores viam-se obrigados a consumir quase toda a produção na compra de negros, endividando-se e nada sobrando para capitalizar na Colônia.

Sem liquidez, a produção açucareira era extremamente dependente dos comerciantes. Os produtores não dispunham de moeda para a compra de escravos, instrumentos agrícolas e gêneros europeus. Os mercadores europeus, em geral agiotas, antecipavam esses recursos, tendo como garantia a produção do açúcar, sob cotações extremamente baixas. Sobre esses empréstimos, os comerciantes chegavam a arbitrar juros de até 4% ao mês.

A irregularidade das frotas causava sérios problemas aos colonos. Por não venderem seu açúcar no prazo estipulado, não podiam quitar seus débitos, sendo onerados com pesados juros. Esse atraso, por outro lado, obrigava-os a recorrer novamente aos comerciantes, para a aquisição de gêneros que lhes permitissem continuar a produção.

Os cristãos novos no mundo do açúcar

O Brasil permitia, aos que dispunham de recursos em moeda corrente, vultosos lucros. Nessa medida, atraía os cristãos-novos perseguidos pela Inquisição e impossibilitados de, na Metrópole, desenvolverem seus negócios. Inicialmente, empenharam-se no comércio, mas rapidamente tornaram-se agentes financeiros, fornecendo capital para a realização de safras e para a compra de escravos, adquirindo açúcar e vendendo-o na Europa com grandes lucros. Muitos aliaram à condição de mercador a de proprietário de engenho. Alguns erguiam engenhos em terras obtidas para liquidação de débitos. Outros adquiriam engenhos insolventes ou conseguiam entrar para a produção do açúcar através de casamentos.

Na Colônia a relação entre cristãos-novos e cristãos-velhos não foi um obstáculo intransponível. O cristão-velho, senhor de engenho, dependia do cristão-novo, comerciante e capitalista. Casando-se com a filha de um senhor, o cristão-novo buscava a ascensão social e a segurança.

Os cristãos-novos do Nordeste açucareiro não eram, em geral, judaizantes (isto é, adeptos da fé e dos ritos do judaísmo). Com exceção de Pernambuco, durante a invasão holandesa, quando os cristão-novos que aí viviam voltaram às práticas judaicas, procuraram ser absorvidos pela sociedade, galgando cargos administrativos e enriquecendo. Desse modo, os judeus imigrados no Brasil ficavam mais seguros. A Coroa Portuguesa parece ter estimulado a emigração dos cristãos-novos para o Brasil, fechando os olhos à "pureza de sangue", no interesse da colonização. Mesmo assim, a Inquisição estendeu seus poderosos braços em direção à Colônia, realizando visitações do Santo Ofício entre 1591 e 1769.

Parte importante da burguesia comercial europeia, figuras centrais do mercado financeiro e do tráfico marítimo, também no

Brasil a atuação dos critãos-novos foi marcante. Com capitais e com comércio, atuando nas praças europeias como intermediadores ou no tráfico africano, aparelharam canaviais e engenhos de recursos e braços.

A GUERRA DO AÇÚCAR

Criando no Nordeste seu próprio mundo, o açúcar prosperava e no final do século XVI a produção brasileira era hegemônica. Ao mesmo tempo aumentava a importância dos flamengos no negócio do açúcar. Com sua poderosa frota mercantil e sua vasta rede bancária, possuíam as condições necessárias para ampliar o mercado consumidor. Estimulado pela prosperidade provocada com a chegada dos metais das colônias espanholas, o consumo europeu crescera no século XVI. Era a "revolução dos preços", possibilitada pela grande circulação de moedas que incentivava a compra de produtos caros, como o açúcar, empurrando para cima seus preços. A lucratividade desse império do açúcar não ficaria muito tempo apenas em mãos dos portugueses. Em 1580, Filipe II da Espanha apossou-se do trono português, interrompendo o comércio entre Portugal e as regiões flamengas. Até então, as operações de financiamento e comercialização do açúcar eram centralizadas em Antuérpia. Mas, insurgidos contra os espanhóis, os Países-Baixos sofreriam ataques constantes, e o centro vital dos negócios do açúcar transferiu-se para Amsterdã. As represálias espanholas continuaram e em 1595 quatrocentos navios holandeses foram capturados nos portos ibéricos, com carregamento de açúcar.

Com a Trégua dos Doze Anos entre a Espanha e as Províncias Unidas, os holandeses voltaram aos negócios do açúcar. Entre 1609 e 1621, calcula-se que anualmente cerca de 50 mil caixas de açúcar do Brasil chegavam à Holanda para serem processadas nas 29 refinarias ali existentes.

Em 1621, finda a Trégua, os espanhóis procuraram cortar as ligações dos holandeses no negócio açucareiro. Mas a burguesia mercantil de Amsterdã reagiu criando, nesse mesmo ano, a Companhia das Índias Ocidentais, cuja finalidade era a ocupação do Nordeste brasileiro. Em 1624, os holandeses faziam sua primeira investida, contra a Bahia, mas rechaçados por uma armada espanhola, retiravam-se em 1625. Em 1630, porém, seriam bem-sucedidos, tomando Pernambuco, e a partir daí, estendendo seus domínios às capitanias mais ao norte. Durante 24 anos, os holandeses dominaram metade da produção açucareira brasileira, apossando-se das técnicas de produção e conquistando, durante certo tempo, o comércio dos escravos, ao dominar praças escravistas portuguesas na África.

A PERDA DA HEGEMONIA

Ao saírem do Brasil, em 1654, os holandeses levavam consigo os conhecimentos adquiridos na produção do açúcar, implantando-a, a seguir, em suas colônias antilhanas. A produção nordestina, massacrada pelos 24 anos de luta e privada do mercado flamengo, começava a declinar. Rapidamente os preços da produção brasileira caíram. Em 1650, antes da expulsão dos holandeses, o açúcar rendia 3,8 milhões de libras, mas em 1700 o total de nossas exportações alcançava com dificuldade a cifra de 1,8 milhão de libras esterlinas.

A sociedade açucareira iniciava uma fase de declínio econômico, mas não abandonaria seus padrões escravistas nem os negócios do açúcar. No século XVIII, como podemos observar pelo quadro a seguir, a produção retomou parcialmente sua importância, estimulada pela mineração e pela ampliação do consumo à época da Revolução Industrial.

Data	Número de engenhos	Exportação em arrobas	Preço em Lisboa	Valor em libras
1570	60	180 000	1$400	270.406
1580	118	350 000	1$600	528.181
1600	200	2 800 000	—	—
1610	400	4 000 000	—	—
1630	—	1 500 000	—	2.454.140
1640	—	1 800 000	—	3.598.860
1650	—	2 100 000	—	3.765.620
1670	—	2 000 000	—	2.247.920
1710	650	1 600 000	2$400	1.726.230
1760	—	2 500 000	—	2.379.710

Mas, mesmo no período de declínio, o açúcar foi importante para Portugal. Calculada a sua contribuição para os cofres metropolitanos, verifica-se que até o final do século XVIII o açúcar havia gerado uma renda de cerca de 300 milhões de libras, produzindo em valor mais que a mineração, cuja produção foi de cerca de 200 milhões de libras esterlinas.

O COTIDIANO DO AÇÚCAR

> *O ser senhor de engenho é título a que muitos aspiram, porque traz consigo o ser servido, obedecido e respeitado de muitos. E se for, qual deve ser, homem de cabedal e governo, bem se pode estimar no Brasil ser senhor de engenho, quanto proporcionalmente se estimam os títulos entre os fidalgos do Reino.*
>
> Antonil

A economia açucareira criou no Brasil uma sociedade de senhores e escravos, cujos valores éticos, étnicos e morais ponteiam a atualidade. Sociedade autoritária, aristocrática e violenta, onde se tocavam antípodas. O açúcar era branco, o trabalho era negro. Havia doçura nas mesas e sofrimento nos engenhos; riqueza nas casas-grandes e miséria nas senzalas. O poderoso senhor de engenho ocupava o ápice da pirâmide social, sobre a imensa massa de escravos africanos. Condicionava-se um tipo patriarcal de vida caracterizada por uma estrutura social rigidamente estratificada, onde as grandes distâncias sociais eram acentuadas pelos componentes étnicos. O escravismo colonial não foi simplesmente um conjunto de relações de trabalho, ou mera instância jurídica. Implicou a constituição de personalidade social própria, onde o escravo negro era a medida de todas as coisas. Todos os momentos do cotidiano do açúcar marcavam-se pela presença do escravismo. A liberdade, aspiração suprema do cativo, confundia-se, então, com o ócio. Ser livre era não ser obrigado a trabalhar. E, ao lado da função disciplinadora do trabalho, a que nos referimos anteriormente, estava a visão preguiçosa da liberdade.

Referencial da sociedade açucareira, era o negro a moeda para a obtenção de terras e de poder. O número de escravos definia o *status* de um branco. Sem escravos, um que fosse, nenhum colono poderia ser considerado, realmente, um homem livre. E mesmo as famílias mais pobres tinham o seu negro, que muitas vezes ganhava o sustento de todos.

Nada se fazia sem escravos. Saía-se à rua carregado em liteiras por escravos. Para montar, para vestir, para comer, para banhar-se, para tudo era *mister* escravos. Era ele, o moleque de brinquedos, o negro de recados, a mucama da casa, a ama-de-leite, o trabalhador, "o pau-para toda-obra", o culpado pelas desgraças, o objeto de prazer sexual. O branco só se definia em contraposição ao negro, onipresente. Mas, ao contrário da visão da democracia racial que muitos tentaram imprimir, essa intimidade com o negro apenas interiorizava as diferenças e estabelecia distâncias, cristalizando as posições de senhor e de cativo, enegrecendo o trabalho manual e branqueando o poder e a riqueza. Sociedade de senhores porque sociedade de escravos, era na sujeição do negro que se definia a personalidade do senhor. E sob relações paternalistas estava mascarada a extrema violência do escravismo.

Donos da vida e da morte em seu mundo, aos senhores cabia velar pelos negros, nutrindo-os, vestindo-os e castigando-os. Pão, pano e pau eram os elementos fundamentais das obrigações de proprietário para com seus escravos. Pouca comida, vestuário miserável, castigo duro e contínuo, a realidade. A rígida hierarquia dessa sociedade não significou em absoluto a alquimia social. Nos três séculos de vida colonial as regiões do açúcar foram palco de tensões e conflitos entre senhores e escravos, entre brancos e índios, entre colonos e agentes metropolitanos, entre proprietários de engenho e lavradores e comerciantes, conflitos que marcaram com sangue a apenas aparentemente plácida História do Brasil.

Os fidalgos do açúcar

Célula orgânica da sociedade colonial, o grande domínio açucareiro modelou as relações internas de dominação, disfarçando em seu ambiente familiar as marcas violentas do escravismo. Foi em torno da fazenda e do engenho que os indivíduos do universo do açúcar se reuniram. No ambiente rural, onde a autoridade pública era fraca ou mesmo inexistente, a grande propriedade constituiu-se em único centro de poder e riqueza. À sombra da casa-grande, em seu ambiente largo e acolhedor, junto à autoridade do senhor, todos buscavam proteção. O centro desse mundo era o grande proprietário, o fidalgo do açúcar, o senhor de engenho, que guiava sua vida e as de todos que o cercavam por padrões aristocráticos. Seu objetivo não era o lucro ou a racionalidade empresarial, mas a acumulação de escravos e terras, fatores de honraria e poder. A ele se subordinavam familiares, agregados (negros alforriados, mulatos livres, pobres, que prestavam ajuda no engenho), escravos, lavradores de cana e o próprio clero. Entre eles, mais do que frias relações econômicas, desenvolveu-se intrincada rede de afeto, compadrio e poder.

Senhores do mundo do açúcar, os grandes proprietários procuravam ostentar poder em roupas, cavalos, arreios, móveis, louças, cristais, mesa farta, serviçais. Arrogantes, senhores de si, donos de um modo de vida peculiar, caminhavam empertigados, chicote na mão, visitando seus domínios.

Essa riqueza, porém, não era real, e no dizer de um viajante, apenas "um véu de opulência que encobria a miséria geral". Nas lides do açúcar os senhores obtinham pouco mais de 5% sobre o capital investido, mal dando para o sustento de sua família. Compravam fiado dos fornecedores metropolitanos, hipotecando safras e bens. Insolventes, apelavam às autoridades portuguesas. Na documentação colonial encontramos frequentemente ordens régias impedindo o sequestro dos bens de senhores de engenho e de lavradores de cana para o pagamento de dívidas. Mas mesmo garantidos na posse de suas propriedades, o endividamento os obrigava a vender o açúcar a preços baixíssimos, agravando ainda mais sua difícil situação econômica.

Embora a historiografia tradicional tenha insistido na imagem de vida opulenta dos senhores de açúcar, muitas vezes essa fartura e riqueza ocorriam apenas nas festas, quando recebiam convidados e estrangeiros. No dia-a-dia, muitas vezes a ração era mínima, a roupa simples, os costumes grosseiros.

Homens de poder, mas não de trabalho, sempre escandalizaram os viajantes por sua indolência. Deitados em redes, ficavam a gozar da sombra das varandas, observando sua propriedade, o labor dos escravos. Mundo da escravidão, nele o branco não se notabilizava pelo esforço físico, pois apenas os negros faziam o trabalho duro. E deles dependia esse modo de vida aristocrático, essa desterrada fidalguia tropical. Dependência estrita, contínua, palpável, que se procurava diluir pelo aviltamento do escravo, submetido ao labor incessante, à obediência cega, à humilhação e ao castigo.

A família patriarcal

Modelo dessa sociedade, organizada como clã patriarcal, a família era a escola onde se aprendia a subordinação, a passividade, a obediência, o respeito à autoridade suprema do pai. Sob o mesmo teto conviviam filhos, tios, tias, sobrinhos, irmãos, bastardos, afilhados, agregados, escravos. No centro estava o senhor, que determinava o papel de cada um. A esposa, geralmente muito mais jovem, vivia para gerar filhos, fazer doces, costurar e bordar. Não tinha cultura e sua única atividade social, quando na cidade, era frequentar a igreja. Em casa, rodeada de escravas, vivia a solidão. Educavam-se as filhas para reproduzir o papel da mãe e, como esposas para servirem e serem submissas. Aos homens reservavam-se as posições de mando: o mais velho educado para substituir o pai, os outros destinando-se invariavelmente ao sacerdócio ou ao estudo acadêmico. A família era a formulação exterior de uma sociedade, mas não o domínio do prazer sexual. A possibilidade de se servirem de escravas criou no mundo dos senhores uma divisão racial do sexo. A esposa branca era a dona da casa, a mãe dos filhos. A negra, a mulata, o território do prazer.

O escravo não tinha condições de constituir família. Longe de sua terra, de seus parentes, impedidos de dar seguimento à linhagem, os negros perdiam as suas estruturas familiares. E, no Brasil, a poligamia tribal da cultura africana foi substituída pelas ligações múltiplas e passageiras.

Nos Estados Unidos, principalmente no século XIX, houve interesse por parte dos senhores na formação de núcleos familiares que pudessem garantir a proliferação dos negros. A família negra, constituída à semelhança da dos brancos, recebia casa e terreno para cultivo; prendendo-se ao senhor e garantindo a reposição do plantel.

Aqui tal não aconteceu. O tráfico regular até 1850 garantia o abastecimento de negros, e comprar escravos adultos saía mais barato do que criar seus filhos. Homens e mulheres alojavam-se separadamente nas senzalas, dificultando os contatos sexuais, que eram realizados furtivamente, sem interesse na constituição de prole. Tais uniões eram toleradas, embora desestimuladas.

Mesmo assim, crianças negras e mulatas nasciam. Privados de outra família que não a do senhor. A política dos senhores, que dissolveu a família africana e não estimulou a agregação dentro dos padrões europeus, deu origem a uma forte solidariedade grupal, onde a vida da comunidade era mais importante· do que a família.

Casa-grande e senzala

Mundo de senhores e de escravos, a sociedade açucareira vivia em função da casa-grande e da senzala, habitações fundamentais da grande propriedade. A moradia do senhor, colocada em sítio privilegiado de onde se descortinava todo o domínio, era ampla, de cal e pedra. Geralmente construída em dois pavimentos, amplas varandas garantiam sombra e temperatura agradável os cômodos internos: numerosos quartos, amplas salas, imensa cozinha. Ao lado dos senhores, dentro da casa-grande, convivia a escravaria doméstica: mucamas, amas-de-leite, arrumadeiras, cozinheiras. Em dias de festas esses escravos, bem vestidos, mas descalços, circulavam pelas salas e varandas, trazendo refrescos, arrumando mesas, oferecendo iguarias. E, no dia-a-dia, embora faltasse a opulência e o luxo das festas, lá estavam os serviçais que tudo faziam: adormeciam crianças, costuravam, limpavam, arrumavam, cozinhavam.

A influência negra na alimentação foi marcante. O uso do quiabo, da banana, a grande variedade de formas de preparo de peixes e de aves, o vatapá, o caruru, a feijoada, o acarajé, o sabor forte do dendê e da pimenta, a utilização do coco testemunham a presença dos escravos na cozinha colonial, trazendo até nós o tempero e a criatividade do africano. A senzala era território dos negros. Construída à moda do cárcere, retangular, térrea, sem outra mobília que os catres de palha suja, recobertos de trapos, poucos tamboretes e baús.

Ao amanhecer, o gongo marcava o despertar, seguido de uma ração de farinha de mandioca e um pouco de caldo de cana. Partiam os escravos para o trabalho, distribuído após a prece comum frente à casa-grande, levando mais um pouco de farinha, um pedaço de peixe ou carne-seca, para matar a fome durante a longa jornada. Alguns senhores não forneciam a alimentação a seus escravos, deixando-lhes os domingos para trabalharem suas roças de mandioca, com o que se sustentavam, enriquecendo a ração com melaço, siris, caranguejos e mariscos, abundantes nos mangues. O maltratar escravos não era sinônimo de pobreza dos senhores. Os relatos coloniais testemunham que os proprietários mais pobres cuidavam de seus negros com mais humanidade.

Mal alimentado, andava o escravo praticamente em farrapos. Sua vestimenta para um ano não excedia um par de camisas e saias ou calças, de algodão grosseiro, mais dois pedaços de baeta para dormirem. Apenas os domésticos usavam, em festas ou ao acompanharem os senhores, vestimenta melhor, às vezes até luxuosa.

Terminado o trabalho, era para a senzala que o negro voltava. Ali recordava a liberdade perdida, a África distante. Seus cantos e danças, marcados pelo som mágico dos atabaques, não eram facilmente tolerados pelos proprietários. Privados frequentemente dessas humildes alegrias de povo oprimido, os negros eram vítimas do banzo, da catatonia, da loucura mansa, que os livrava da escravidão, deixando-se morrer indiferentes à fome, aos castigos.

A religião

Impossível pensar esse universo sem a força do catolicismo. A colonização do Brasil, marcada desde o início pela cruz, teve na religião ponto de apoio para a dominação e para a repressão e subordinação do negro e do índio. No engenho, ao lado da casagrande ou mesmo em seu interior, a capela estava presente. A religiosidade, porém, não era profunda, mas a manifestação de um culto misto de respeito aos costumes europeus e reunião social, ponto importante dos principais momentos da vida da colônia.

As festas e cerimônias religiosas uniam o mundo do açúcar. A missa dominical trazia às capelas a população das lavouras mais próximas. Os dias santos multiplicavam-se ao ano, propiciando novos encontros. Batizados e casamentos eram, também, celebrações importantes. Nos primeiros dias de moagem da cana realizava-se missa solene, seguida de bênção das instalações e da introdução simbólica de feixes na moenda. O início da safra ocorria em agosto, e a festa, em inúmeras localidades, realizava-se no dia 6, sendo conhecido como dia do Bom Jesus da Cana Verde. Em todas essas comemorações, terminada a cerimônia religiosa, iniciavam-se os banquetes e até se permitiam, aos negros, danças e cantos.

O universo religioso dos negros foi dilacerado no convívio colonial. A integração ao cristianismo dava-se praticamente à força. Batizados muitas vezes ainda em África antes do embarque nos tumbeiros, no Brasil só eram permitidas aos negros manifestações religiosas dentro dos parâmetros do catolicismo. Vítima de um processo constante de despersonalização, o escravo era desafricanizado, obrigado a falar o português e a seguir a religião dos brancos. Os cultos africanos, ilegais, levavam o estigma de bruxaria e feitiçaria, sendo relegados à obscuridade, à marginalidade. Vilhena, no início do século XIX, observava, em suas *Notícias Soteropolitanas*, que não se devia tolerar, nas cidades, a prática dos cultos negros, com seus batuques bárbaros, "dançando desonestamente as canções gentílicas e falando línguas diversas, em alaridos tão horrendos e dissonantes que causam medo e estranheza".

Media-se a integração do negro aos valores brancos, além da submissão ao trabalho, pela prática do catolicismo. Ir à missa, entoar cânticos religiosos, seguir procissões, acompanhar o terço às tardes eram manifestações exteriores de adesão aos padrões dos senhores. A persistência nas práticas religiosas africanas representava rebeldia e era punida. Acusados de feitiçaria, bruxaria, magia, negros foram levados, durante o período colonial, às barras do Tribunal da Inquisição.

Submetido a verdadeiro estado de sítio, proibido de expressar qualquer coisa que lembrasse a África, o escravo vivia duas realidades religiosas: o catolicismo do branco, símbolo da opressão, mas passaporte para a integração; e as religiões africanas, resto de liberdade perdida, símbolo de resistência, mas sinônimo de rebeldia. A prática do catolicismo pelos escravos, em geral, era superficial e remetia aos valores místicos primitivos.

A organização de confrarias católicas negras, a partir do século XVII e principalmente durante o século XVIII, atendeu à necessidade de criação de um espaço religioso para os negros que dissolvesse a resistência e facilitasse sua acomodação à cultura dominante. Embora permitissem a participação dos negros em festas religiosas, as formas musicais e estéticas africanas eram diluídas e formalizadas dentro dos padrões brancos. Com o passar do tempo, a repetição transformava essas manifestações mais em lembrança de extintos valores do que expressão criativa da cultura negra. De qualquer forma, as confrarias foram elementos de solidariedade dos negros, possibilitando sua aproximação, o contato e a organização dos escravos, ainda que sob as vistas vigilantes da sociedade branca. Dentro dos seus limites, procuravam socorrer escravos doentes, abandonados pelos senhores, dotar negras livres pobres para casamento, comprar alforrias.

Mas mesmo perseguidos, os cultos afros permaneceram. Por muito tempo, em locais escondidos, nas capoeiras das matas, distantes dos núcleos urbanos. Depois, lentamente, em unidades quase conventuais, nos "terreiros" de subúrbio. Sempre, porém, protegidos da curiosidade dos brancos, praticamente secretos. O candomblé baiano guarda, até hoje, esse caráter reservado.

E o tão divulgado sincretismo entre os ritos negros e o culto católico? Rigorosamente não existe, pois o que os negros nos legaram, sob a imposição da situação de escravidão, não é a fusão de elementos culturais diferentes. Aproveitando-se de exterioridades católicas, principalmente seus santos e dias consagrados, os negros mantiveram a essência animista de seu culto e o caráter mágico de seus ritos. Se os orixás adquiriram imagens católicas, não perderam suas virtudes e seu papel, antes os santos foram levados ao universo de valores dos negros.

As cidades do açúcar

Embora os canaviais e os engenhos fossem o próprio centro da Colônia, o açúcar gerou cidades. Foram cidades administrativas e mercantis, cidades de magistrados, de governadores, de embarcadouros, de navios e comerciantes, com urbanização peculiar. Próximo ao porto estava a cidade comercial, com seus armazéns e lojas de mercadores; mais distantes, de preferência num plano mais alto, situavam-se as habitações e prédios administrativos. Salvador, sem dúvida, era uma cidade característica, com dois planos distintos: a cidade baixa, com sua longa e sinuosa rua da Praia, entrecortada por becos e pontilhada de casarões e armazéns, e a cidade alta, onde estavam as residências nobres e os prédios administrativos, as igrejas e as praças.

Cidades pobres, que viviam dos rendimentos do comércio e que nada produziam, eram consideradas pequenas pelos padrões europeus contemporâneos. Salvador, a maior, tinha em 1724 pouco mais de 25 mil habitantes. Olinda e Recife, à época das invasões holandesas, contavam, juntas, cerca de 12 mil habitantes.

Os senhores de engenho e lavradores possuíam casas nas cidades, mas delas estavam ausentes a maior parte do ano, entregues aos trabalhos da safra. Em geral, entre os meses de maio e de julho as cidades ficavam repletas, estimuladas pelos negócios e pela chegada dos navios.

A marca do escravismo era visível nos centros urbanos. Os principais portos possuíam mercados de escravos, às vezes grandes quarteirões, onde os negros aguardavam comprador. Nas construções urbanas, a estratificação social era visível. Quando se tratasse de sobrado, as acomodações ao rés do chão serviam de abrigo aos escravos, enquanto os brancos proprietários viviam no pavimento superior. As casas baixas, de chão de terra batida, eram sinônimo de baixa condição social e apenas a população mais pobre nelas habitava. O mundo urbano reproduzia a seu modo a diferenciação rural das casas-grandes e das senzalas.

A cidade representava o mundo da dominação metropolitana, da administração e do fisco, do porto e do comércio. Essa oposição entre os interesses dos plantadores de cana e dos senhores de engenho e os representantes da Coroa e do comércio europeu ficaram patentes em diversos momentos.

Os primeiros atritos entre os colonos e os representantes da administração e do capital mercantil europeu se fizeram sentir a partir da segunda metade do século XVII, quando a importância do açúcar brasileiro iniciou seu declínio. A centralização do governo aumentou, submetendo os segmentos de exportação a rígido controle. Intensificaram-se o monopólio e a exploração comercial, principalmente em função do regime de frotas. Os proprietários rurais passaram a sofrer novos encargos fiscais, ao mesmo tempo que os preços do açúcar caíam acentuadamente.

A sociedade açucareira entrou numa espécie de amortecimento, embora os engenhos continuassem a operar, buscando manter o padrão anterior. Declinou, porém, o interesse dos proprietários menos abonados pelas lavouras de cana, que voltaram a ser cultivadas às expensas dos engenhos. Esses excedentes populacionais passaram a buscar outras ocupações, quer a agricultura de subsistência, quer as ocupações urbanas. Ao mesmo tempo, a política de centralização comercial reforçava a transferência para o Brasil de portugueses dedicados ao grande comércio, sob o controle das Companhias. Aos colonos restavam apenas o pequeno comércio de varejo e as profissões mecânicas.

Com seu desenvolvimento tolhido, submetida ao controle político e comercial de Portugal, a aristocracia rural buscou sua afirmação no plano político interno, vetando a participação dos comerciantes nas Câmaras, adotando padrões de vida luxuosos, ostentando escravos, construindo residências urbanas riquíssimas. Toda essa ostentação era uma forma de esconder a crise, pois os escravos antes ocupados na lavoura de exportação eram então empregados como mão-de-obra das construções e como criadagem.

O declínio econômico dos senhores de engenho e dos lavradores de cana foi acompanhado pelo crescimento da importância burocrática e financeira dos comerciantes, gerando atritos diretos entre os dois grupos. A nova situação representou o início de um período de conflitos, com a eclosão de revoltas como a do Barbalho, em 1660, no Rio de Janeiro, a de Beckman, em 1684, no Maranhão. Mas o exemplo mais radical desse confronto foi a Guerra dos Mascates, em Pernambuco, no início do século XVIII. A aristocracia de plantadores de Olinda resistia à emancipação do Recife, até então habitada pelos comerciantes do Reino, apelidados, pejorativamente "mascates". Não era apenas uma questão social, mas sim jurídica e econômica. Se Recife fosse elevada à categoria de vila, disporia de Câmara Municipal autônoma e de mecanismos legais para executar os débitos dos plantadores de Olinda. O conflito que explodiu entre 1710 e 1711 culminou com a vitória de Recife e, consequentemente, dos comerciantes sobre a aristocracia rural.

Os pobres do açúcar

Não nos enganemos também com a opulência dos senhores, pois além da miséria visível e imprescindível do negro, a sociedade açucareira arrastava consigo uma legião de marginalizados, de excluídos, que compunham o pano de fundo do "paraíso do açúcar": prostitutas, ladrões, mendigos, feiticeiros, biscateiros.

Em Salvador, no século XVIII, a prostituição era praticada por mulatas livres e mesmo por mulheres brancas, oriundas das camadas mais pobres. Embora o meretrício não fosse permitido, era tolerado, e multiplicavam-se as queixas de que, misturadas à população "honesta", essas mulheres, com suas "palavras torpes, proferidas altamente e sem pejo", servissem de mau exemplo. Recomendava-se que fossem elas transferidas para os subúrbios, limpando a cidade do que se chamava "praga contagiosa da depravação".

O mulato e a mulata eram os mais estigmatizados nessa sociedade. Criados à sombra da casa-grande e à margem da senzala, não se enquadravam no mundo dos brancos nem dos negros. Essa posição deu ao mulato a agressividade, que foi seu instrumento de sobrevivência. Eram, por isso, considerados vadios, insolentes, atrevidos e preguiçosos. Apenas, como os brancos, os mulatos livres abandonavam o trabalho, marcado pelo estigma da escravidão.

Muitos desses pobres livres viviam à sombra do engenho, onde obtinham comida e proteção em troca de pequenos serviços. Formavam a legião de *agregados* da casa-grande, parte do mundo do açúcar.

Os senhores também arregimentavam entre essa população pobre os "soldados" de suas milícias particulares, ativadas pelos constantes conflitos por terra e por honra, entre as famílias de proprietários. Outros excluídos da riqueza do açúcar viviam na cidade, exercendo profissões humildes: barbeiros, sapateiros, ferreiros, pobres alfaiates, vendedores de cestos, quituteiras a oferecer em tabuleiros seus doces e guloseimas. E embora fossem pobres, não lhes pesava essa pobreza. A maior humilhação dessa sociedade não era a miséria, nem ao menos a mendicância. O ponto mais baixo era a escravidão, e para não serem confundidos com o escravo, tudo era suportável. Conta-se que criados brancos, trazidos de Portugal, ao se aperceberem de que no Brasil seu trabalho era atribuição de escravos, procuravam se acomodar a qualquer emprego público a que os negros não tivessem acesso. Se não conseguissem, preferiam ser vadios ou soldados, simplesmente para não se submeterem a "trabalhos de negros".

Do mundo do açúcar nascia o Brasil, marcado a ferro e fogo pela colonização, pelo estigma do trabalho escravo, pela tirania do mercado externo. E assim permaneceria, escravizado pela ditadura do latifúndio.

Indicações de leitura

Procuramos, neste livro, oferecer uma visão geral da sociedade açucareira nos primeiros tempos da colonização, de forma a estimular o questionamento e aprofundamento dos temas abordados. Para isso, dentre a vasta bibliografia sobre o assunto, apontamos um roteiro crítico de leituras básicas.

Sobre o sentido da colonização devem ser lidos inicialmente os clássicos de Caio Prado Júnior, marcos da historigrafia marxista no Brasil: *Evolução Política do Brasil* (1933), *Formação do Brasil Contemporâneo* (1942) e *História Econômica do Brasil* (1945).[1] Tomando por base de reflexão o cerce-

---

1 As datas referem-se às primeiras edições das obras citadas.

amento estrutural à industrialização e o estrangulamento do mercado interno no Brasil, Celso Furtado, em *Formação Econômica do Brasil* (1959), analisa a estrutura de implantação e funcionamento da economia açucareira nordestina, oferecendo ao leitor importantes subsídios sobre os mecanismos de monopólio, capitalização e fluxo de renda. Incorporando e ampliando as análises de Caio Prado Júnior e Celso Furtado, a obra de Fernando Novais, *Portugal e Brasil na Crise do Antigo Sistema Colonial* (1979) constitui o mais abrangente estudo da colonização como sistema integrado ao processo geral de acumulação primitiva de capitais, articulado estruturalmente em torno do escravismo, a partir da dinâmica mercantilista. Polêmico, iconoclasta, discutível, mas instigante, Jacob Gorender, em *O Escravismo Colonial* (1978), procura demonstrar haver sido o complexo monocultor escravista colonial um modo de produção específico, dotado de leis de funcionamento e de reprodução próprias.

Para o estudo da história geral do açúcar, da antiguidade ao século XX, consulte-se Noel Deerr, *The History of Sugar* (1950) e Edmund O. von Lippmann, *História do Açúcar* (trad. port. 1942).

Quadros gerais sobre o complexo açucareiro nordestino podem ser encontrados em Gileno de Carli, *O Açúcar na Formação Econômica do Brasil* (s.d.), Hamilton Fernandes, *Açúcar e Álcool, Ontem e Hoje* (1971) e Manuel Diégues Júnior, *O Engenho de Açúcar no Nordeste* (1952). Dentre os relatos da época colonial destacamos: Fernão Cardim, *Tratados da Terra e Gente do Brasil* (século XVI); Gabriel Soares de Sousa, *Notícia do Brasil* (1587); *Diálogos das Grandezas do Brasil* (anônimo, 1618); Adriaen van der Dussen, *Relatório sobre as Capitanias Conquistadas* (1639); Frei Vicente do Salvador, *História do Brasil* (1627); Antonil, *Cultura e Opulência do Brasil por suas Drogas e Minas* (1711); Luiz dos Santos Vilhena, *Recopilação de Notícias Soteropolitanas e Brasílicas* (1802).

Uma visão descritiva e minuciosa do mundo dos engenhos é dada por Wanderley Pinho, *História de um Engenho do Recôncavo* (1946). A obra de Ruy Gama, *Engenho e Tecnologia* (1983) é o mais completo estudo, fartamente ilustrado, sobre os processos de produção, a evolução da tecnologia e o funcionamento dos engenhos coloniais. Mas as melhores análises de conjunto da economia açucareira nos foram dadas por Alice P. Cannabrava, em "A Grande Propriedade Rural" *(História Geral da Civilização Brasileira,* direção de Sérgio Buarque de Holanda, 1960) e por João Antonio Andreoni e sua introdução à 2ª edição brasileira de Antonil, *Cultura e Opulência do Brasil*, publicada em 1966. Consultem-se também os trabalhos de Stuart Schwartz, *"Free labor in a slave economy: the lavradores de cana of Colonial Bahia"* (publicado em Dauril Alden, *Colonial Roots of Modern Brazil*, 1973); *Burocracia e Sociedade no Brasil Colonial* (trad. port. 1979) e *Early Latin America* (1983, juntamente com James Lockhart).

A importância do açúcar no quadro do Império Colonial Português é tratada por J. Lúcio de Azevedo, *Épocas de Portugal Econômico* (1928), e por Fréderic Mauro, *Le Portugal et l'Atlantique au XVIIeme Siècle* (1960). Roberto Simonsen (*História Econômica do Brasil*, 1936) demonstrou, através da análise estatística, ter sido o açúcar o produto mais importante de todo o período colonial, superando, mesmo nas fases de retração de preços e mercados do século XVIII, o volume monetário da exportação legal do ouro. Abordando a conjuntura da crise do sistema colonial, José Jobson de Andrade Arruda em *O Brasil no Comércio Colonial* (1980), oferece importantes subsídios para o entendimento dos mecanismos comerciais (importação, exportação, preços, volume). Análises quantitativas da conjuntura açucareira são encontradas em Frederic Mauro,

Nova História, Novo Mundo (1969), e Mircea Buescu, *História Econômica do Brasil* (1970), e amplamente questionadas e debatidas em nossa dissertação de mestrado, apresentada em 1980, *O Engenho Sergipe do Conde (1622-1653), Contar, Constatar e Questionar*.

Estudos detalhados, sobre a economia açucareira no Brasil, encontram-se em Stuart Schwartz, *Segredos Internos* (trad. port. 1988), Vera Lucia Amaral Ferlini, *Terra, trabalho e poder* (1988, 2003) e *Açúcar e colonização* (2010).

A situação do Nordeste açucareiro, no período do domínio holandês, pode ser estudada nas obras de Herman Watjen, *O Domínio Colonial Holandês no Brasil* (trad. port. 1938); C.R. Boxer, *Os Holandeses no Brasil* (trad. port. 1961) e Evaldo Cabral de Mello, *Olinda Restaurada* (1975).

A reflexão sobre a sociedade açucareira exige a leitura do clássico de Gilberto Freyre, *Casa-Grande & Senzala* (1933). Apoiado em farta documentação, más com enfoque elitista, o autor defende o mito da democracia racial, surgida e reproduzida à sombra dos canaviais. Na mesma linha, temos, de Freyre, *Sobrados e Mucambos* (1936). Procurando desmistificar essa visão, recentemente surgiram estudos críticos sobre as relações escravistas no Brasil, mostrando o avesso desse tratamento idílico. Não contamos, porém, com uma obra de conjunto, que enfoque nessa perspectiva sociedade açucareira, contrapondo-se à obra de, Gilberto Freyre. De leitura fácil e com colocações críticas interessantes, podemos citar, entre outras obras, Clóvis Moura, *Rebeliões de Senzala* (1982).

ALAMEDA NAS REDES SOCIAIS:
Site: www.alamedaeditorial.com.br
Facebook.com/alamedaeditorial/
Twitter.com/editoraalameda
Instagram.com/editora_alameda/

Esta obra foi impressa em São Paulo na primavera de 2017. No texto foi utilizada a fonte Palatino Linotype em corpo 10,25 e entrelinha de 15,5 pontos.